DOLTO
EXPLIQUÉE AUX PARENTS

JEAN-CLAUDE LIAUDET

DOLTO

EXPLIQUÉE AUX PARENTS

l'Archipel

Si vous souhaitez recevoir notre catalogue et être tenu au courant de nos publications, envoyez vos nom et adresse, en citant ce livre, aux Éditions de l'Archipel, 4, rue Chapon, 75003 Paris.
Et, pour le Canada, à
Édipresse Inc., 945, avenue Beaumont, Montréal, Québec, H3N 1W3.

ISBN 2-84187-135-5

A Rebecca
et sa chère maman

Je remercie Jacques Letondal et Roger Zagdoun pour leur œil analytique, ainsi que Dominique Chryssoulis pour son attention et ses conseils rédactionnels.

Sommaire

AVANT-PROPOS

Ce livre s'adresse aux parents et aux éducateurs qui souhaitent disposer des repères élaborés par Françoise Dolto pour comprendre les enfants, et qui se trouvent arrêtés dans cette recherche par les rigueurs de la méthode et du vocabulaire psychanalytiques.

Comme tout savoir, la psychanalyse a en effet élaboré une langue technique destinée aux professionnels, d'autant plus trompeuse qu'elle réutilise souvent des mots courants dans un sens particulier. Par exemple, ce qui est sexuel *pour le psychanalyste n'est pas seulement génital, mais englobe, pour parler rapidement, tout ce qui est du registre du plaisir. De même, les termes de* pulsion, *de* sublimation, inconscient, sujet, imaginaire, symbolique, *ou de* castration, *revêtent pour le psychanalyste un sens qui n'est pas le sens commun.*

D'où de nombreuses difficultés de lecture pour le public, et beaucoup de quiproquos.

Je tente donc un pari : me faire l'intermédiaire, le traducteur, d'un savoir et d'une méthode psychanalytiques, dans un langage que j'ai voulu le plus proche possible des lecteurs, tout en cherchant à ne pas trahir la spécificité ni la complexité de la pensée de Françoise Dolto.

Ce livre n'est pas le premier, ni sans doute le dernier, à proposer un commentaire de l'œuvre de Françoise Dolto (une preuve, s'il en fallait, de sa vitalité). Il m'a pourtant semblé que l'on ne disposait pas à ce jour d'ouvrage de synthèse cherchant à s'adresser à tous, ou du moins au plus grand nombre. En effet, les titres existant à ce jour présentent un caractère universitaire, ou technique, destiné à un lectorat de professionnels.

De la sorte, je n'ai fait que suivre l'exemple de Françoise Dolto elle-même. A la fin de sa vie, elle s'est personnellement consacrée à un travail de pédagogie à destination des parents et des éducateurs. Elle est intervenue à la radio, a prononcé des conférences, répondu à des interviews, rédigé de nombreux articles rassemblés dans des ouvrages actuellement réédités sous la direction de sa fille, Catherine Dolto Tolitch.

Un mot encore. Au long de ces pages, je n'ai pas seulement puisé dans mon expérience psychanalytique. C'est également en tant que parent, et en pensant aux questions que se posent les autres parents, que j'ai rédigé ce livre.

1

L'ENFANT EST UNE PERSONNE

Avant d'entrer dans le vif de notre sujet, il me paraît nécessaire d'exposer une première conviction de Françoise Dolto, qui a constitué pour elle un repère permanent pour écouter les enfants.

Le psychanalyste n'est pas un éducateur

Dans l'exercice de son métier, Françoise Dolto s'est toujours interdit d'avoir un projet sur les enfants qu'elle soignait. En ce sens, elle a toujours clairement distingué son rôle de celui d'un parent. En tant que psychanalyste, le choix de vie d'un enfant ne la concernait pas. Que celui-ci préfère être « bizarre », qu'il reste « fou » ou débile, de sexe incertain, peu lui importait s'il avait réussi à trouver un équilibre pour lui-même et dans les relations avec son milieu de vie : « s'il fonctionnait bien », elle n'y trouvait rien à redire, elle respectait ce choix.

En ce sens, elle a pu déranger plus d'un parent. Car une mère ou un père ne peut s'empêcher d'avoir des projets pour sa descendance, et la démarche qui consiste à reconnaître son enfant comme une personne indépendante de soi, faisant des choix qui ne sont pas les siens, demande à tout parent de faire un travail sur soi, à la fois de renoncement et d'ouverture, toujours difficile, et peut-être toujours à refaire.

Cette absence de morale, au sens où il s'agirait de soumettre l'enfant à certaines valeurs, certains principes, de lui faire adopter certains comportements plutôt que d'autres, est à comprendre comme la mise en œuvre d'une morale supérieure, une éthique : *la reconnaissance de l'enfant comme personne à part entière.*

Cette reconnaissance a deux sources : elle est d'abord au fondement du projet psychanalytique ; elle reflète également la vision de l'enfant, pour laquelle Françoise Dolto a bataillé ferme, au risque parfois de faire scandale. Entre les deux, bien sûr, il n'y a pas de hiatus.

— LE PSYCHANALYSTE S'ADRESSE À UNE PERSONNE —

L'enfant est sujet de lui-même

Le psychanalyste ne peut pas faire autrement que reconnaître l'enfant comme une personne. Comment être psychanalyste si l'on ne croit pas que l'enfant est un sujet autonome ; plus précisément, si l'on n'est pas certain que l'enfant est « sujet de son propre désir », dit Françoise Dolto ? Et de cette foi, elle tire toutes les conséquences : cet enfant sujet, elle le décrit comme un désir de vivre qui prend chair au moment de la conception, comme une énergie qui cherche à s'accomplir au travers des rencontres avec d'autres humains (dont ses parents), et cherche

QU'EST-CE QUE LE SUJET ?

La notion de sujet est une des plus complexes qui soient. Le sujet, en psychanalyse, n'est pas celui qui dit « je », il n'est pas le sujet de la grammaire, volontaire et conscient.
A propos du sujet, Françoise Dolto dit : « Pour parler en psychanalyste, je n'en sais rien. » C'est que, pour elle, le sujet du désir est inconscient : c'est l'inconnu en nous qui reste inconnu, et qui fait que l'on dit « je ». Ce qui fonde l'individu, c'est cette dimension de mystère. Ce qui fonde la reconnaissance que l'on peut avoir de l'autre comme sujet, c'est, pourrait-on dire, le respect de ce mystère, que l'on peut encore appeler liberté.

d'emblée à s'assumer en toute autonomie. « Notre rôle [de psychanalyste], dit-elle, n'est pas de désirer quelque chose pour quelqu'un, mais d'être celui grâce auquel il peut advenir à son désir. » Il consiste à aider l'enfant à reconnaître ses propres désirs (même les plus difficiles pour lui à accepter), et à trouver par lui-même les solutions à ses conflits.

Le rôle du psychanalyste : aider l'enfant à tracer sa route lui-même

Cette position est parfaitement illustrée dans les récits de cas qui parsèment son œuvre. Chaque fois, on retrouve la même confiance accordée à l'enfant pour tracer lui-même son chemin, et la même modestie : c'est l'enfant qui sait où il va, elle ne fait que suivre. Son travail consiste à ce que ce savoir obscur, inconscient, non assumé, fasse son chemin chez l'enfant, pour son bien. Souvent, elle ne comprend ce qui s'est passé que plus tard, une fois la cure terminée.

LA CAUSE DES ENFANTS

Les sociétés refusent de considérer l'enfant comme une personne

Cette vision de l'enfant comme personne à part entière ne repose pas sur la seule expérience de psychanalyste de Françoise Dolto. Dans *La Cause des enfants*, elle insiste sur le fait que les sociétés refusent de traiter l'enfant comme une personne.

L'enfant est, dans le meilleur des cas, une virtualité et non une réalité : un potentiel à développer. La société attend qu'il rentabilise l'investissement qu'elle fait sur lui. Il n'existe pas pour ce qu'il est, mais pour ce qu'il peut devenir. « Il appartient malgré lui, dit-elle, à un sous-continent », qu'il soit un enfant du tiers monde ou de nos nations occidentales.

L'enfant n'est pas seulement l'avenir de l'homme

Quand on reconnaît à l'enfant un dynamisme, c'est pour le « tordre » vers le futur : si le petit a de l'intelligence, il est promis à un brillant avenir. On va l'entraîner alors à devenir l'homme ou la femme qu'il n'est pas encore, on va le former et l'armer dans une logique d'efficacité et d'insertion dans la société. Mais il ne faut pas non plus qu'il réussisse trop vite et trop bien. Il doit rester à sa place de mineur. Malheureusement, les qualités d'un enfant sont vécues autant comme une menace que comme une promesse par les adultes qui l'entourent. C'est une raison de plus pour insister sur l'immaturité du « petit d'homme », sur sa faiblesse.

Dans les cas d'exception, donc, on protège exagérément l'enfant, on le prend pour une petite machine biologique dont la fragilité est source d'angoisse pour les parents, et dont il faut soigneusement entretenir les fonctions. C'est un enfant-tube digestif que l'on fait prospérer à force de rations alimentaires puis de rations scolaires, d'heures de sommeil réparateur et de séances de pot : une chose purement fonctionnelle dont les émissions vocales sont prises pour des bruits de machine – qu'est-ce qui ne fonctionne pas, comment faut-il réparer ? Ce peut être aussi un enfant jouet, une petite merveille : un objet dont la vocation et le destin sont de satisfaire les parents.

Dans le pire des cas, la faiblesse de l'enfant est exploitée. Il est pris pour un petit animal, un nain, un handicapé dont on va tirer des ressources. Rappelons-nous le nombre des enfants qui travaillent aujourd'hui sur notre planète dans des conditions scandaleuses[1].

Et toujours, on se méfie de lui. Ses manifestations d'énergie sont perçues comme mauvaises : elles dérangent, elles sont intempestives, l'enfant est casse-cou, ou tyran, ou vandale, l'enfant n'est pas assez sage !

1. Et cela ne se passe pas que dans le tiers monde : en Europe aussi, des enfants (et encore plus les adolescents) sont exploités à des fins économiques.

L'ENFANCE OUBLIÉE

L'enfant est un étranger pour l'adulte

Malheureusement, les adultes ont oublié leur enfance (celle qui précède les sept ans, « l'âge de raison ») ; ils considèrent les « petits » d'un œil étranger. Il y a, entre adultes et enfants, la même barrière qu'entre les hommes et les femmes, lesquelles, il n'y a pas si longtemps, n'avaient pas d'âme selon l'Église catholique et ne jouissaient pas du droit de vote dans les sociétés républicaines.

« C'est un scandale pour l'adulte que l'être humain à l'état d'enfance soit son égal. » (F.D.)

Pour Françoise Dolto, l'enfance n'est pas seulement un temps de passage. Selon elle, il n'y a pas de différence entre ce qu'elle appelle l'« intelligence symbolique » d'un enfant de un an et celle d'un adulte de soixante ans – cette intelligence d'humain qui donne un sens aux choses et qu'elle désigne ainsi : « L'intelligence est comme une lumière, un éclairement du monde que chacun porte en soi. » Il existe une égalité fondamentale entre les êtres humains de tous âges. Françoise Dolto va jusqu'à penser que les enfants sont en prise directe avec une réalité essentielle dont nous ne percevons plus que des échos déformés, qu'ils sont doués de capacités que l'adulte a perdues : une relation intime avec les forces de la nature, une capacité de communiquer en deçà des mots, une faculté imaginaire qui les met en relation directe avec les mythes fondateurs de notre culture. D'où, peut-être, la sensibilité des enfants vis-à-vis des contes et des légendes.

Ne croyons donc pas que l'enfant ne comprend pas. A sa manière, dans sa logique qui lui est propre, il perçoit « la réalité de notre réalité ».

A considérer uniquement l'enfance comme un temps d'apprentissage (ce qu'elle est également : les enfants souhaitent fondamentalement croître, se développer), est-ce que nous, adultes, ne perdons pas quelque chose d'irremplaçable ? C'est l'interrogation de Françoise Dolto.

Étant en mesure de nous poser cette question, faut-il supposer qu'elle aussi a reçu un don – comme ces enfants qu'elle évoque dans ses livres, et qui ont conservé la trace de paroles prononcées à leur naissance ? Peut-être y eut-il une fée, comme dans les contes, pour prononcer un vœu sur le berceau de la petite Françoise Marette ; deux mots auraient suffi : « Souviens-toi. » C'est ce qu'a fait Françoise Dolto devenue femme. Elle n'a pas oublié ; elle a gardé vive la mémoire de l'enfant qu'elle a été.

Son savoir de psychanalyste, ses intuitions thérapeutiques que l'on a plus d'une fois qualifiées de géniales, elle les doit sans doute à cette mémoire. Pour nous, parents, il en va de même : nous ne pouvons comprendre nos enfants qu'en renouant avec notre enfance oubliée.

2

TOUT EST LANGAGE

L'enfant est une personne : c'est le premier postulat. Le deuxième postulat, toujours au cœur de la pratique de Françoise Dolto comme de sa connaissance du monde de l'enfance, est le suivant : l'être humain est un être de langage. Il est en cela différent de l'animal.

— LES HUMAINS NAISSENT ET VIVENT DU LANGAGE —

Le langage n'est pas un outil comme un autre, que l'homme serait capable d'acquérir à un stade de son développement, comme il le fait pour la marche, l'écriture... ou la bicyclette. Si l'enfant peut un jour apprendre à lire ou à écrire dans sa langue, c'est que, au-delà de toutes les langues, les hommes ont en commun ce que Françoise Dolto appelle la « fonction symbolique ».

Qu'entend-elle par cette expression ?

L'humain diffère de l'animal par sa capacité de donner du sens à ses actes : il est capable de symboliser

On pourrait dire que c'est la faculté de donner du sens à tout acte, toute pensée, tout sentiment, tout objet. Pour l'humain, tout « veut dire » quelque chose, tout a toujours un sens que les mots traduisent, mais que d'autres codes signifient également (pensons au langage des sons, à celui des couleurs, aux panneaux qui bordent les routes, au sens que l'on attribue à l'expression d'un visage, aux sensations différentes que représentent un ciel clair « porteur d'espoir » ou un ciel d'orage « menaçant »...).

Tout être humain donne du sens à ce qu'il vit, à ce qu'il fait. L'enfant le plus fou, le plus incompréhensible, n'agit pas autrement. Les gestes les plus absurdes sont un langage : ils ont toujours une signifi-

L'ENFANT MACHINE À COUDRE

Il a sept ans et paraît déraisonner. Il fait sans cesse aller sa main gauche de haut en bas tandis que sa main droite dessine des ronds, et qu'il fait avec sa bouche des bruits incompréhensibles.
C'est en discutant avec la mère que Françoise Dolto se rend compte que, pendant ses premières années, où ils vivaient tous les deux sans le père, cet enfant a passé des heures à la contempler affairée sur sa machine à coudre. Il a appris de cette machine, qui captivait sa mère toute la journée, comment se comporter avec elle, pour la captiver à son tour : sa main gauche mime le mouvement de son pied sur la pédale, sa main droite le mouvement de la main de sa mère sur la roue de la machine...

cation, oubliée ou inconnue. C'est le cas, par exemple, de l'enfant qui se prenait pour une machine à coudre.

Cette fonction symbolique ne se développe pas avec l'âge. Elle est déjà là, avant la naissance, dit Françoise Dolto. Déjà, pendant la gestation, les sensations qui se répètent – telle l'association des états émotifs de la mère avec des voix, des positions corporelles, etc. – commenceraient à acquérir une signification. Ainsi le fœtus n'appartiendrait-il jamais à la préhistoire : l'histoire humaine commencerait dès le moment de la conception. Il n'y aurait pas d'époque où le fœtus serait dans une relation simplement animale avec son environnement. Cette position, Françoise Dolto l'affirme toujours avec nuance. Cela n'en reste pas moins une hypothèse, qui sera peut-être vérifiée plus tard, et que les observations tirées des psychanalyses des jeunes enfants rendent plus que probables à ses yeux.

La fonction symbolique est propre aux humains. Elle est en dehors du temps et de l'espace

Selon Françoise Dolto, les animaux ont des perceptions et des émotions (peut-être des pensées par images ?), mais ils ne donnent pas de signification à ces manifestations. La fonction symbolique est spécifiquement humaine [2] et s'élabore sur un plan psychique, en dehors du temps et de l'espace.

Que veut-elle dire par là ?

2. Pour de nombreux auteurs, cependant, une communication (et donc un processus mettant en jeu des significations) est déjà à l'œuvre dans le monde animal.

Tout événement vécu par une personne, quand il lui a été attribué un sens, reste inscrit en lui de façon indélébile (on peut dire « éternelle », si l'éternité est le temps de la durée d'une vie). Il est même possible que des expériences se transmettent d'une génération à l'autre, d'une manière qui reste à définir et que les biologistes n'ont pas plus identifiée que les psychologues.

MA PETITE CHÉRIE DONT LES YEUX SONT PLUS BEAUX QUE LES ÉTOILES...

Dans *La Difficulté de vivre*, Françoise Dolto raconte le cas suivant.
Une femme qui se savait proche de la mort lui raconte un rêve de bonheur intense : elle entend une phrase dont elle ne comprend pas le sens, mais qu'elle est capable de répéter syllabe par syllabe.
Apprenant que, de l'âge de un à neuf mois, cette femme a vécu en Inde, Françoise Dolto lui demande : « Et si ces paroles étaient de l'indien ? »
Le lendemain, la patiente questionne des étudiants à la maison indienne de la Cité universitaire, à Paris. Après avoir interrogé plusieurs personnes (il existe plus de soixante-dix langues en Inde !), elle trouve le bon interlocuteur : les syllabes mystérieuses sont le début d'une berceuse que toutes les nounous chantent aux bébés, dans cette région de l'Inde : « Ma petite chérie dont les yeux sont plus beaux que les étoiles... ».
Cette femme n'a plus entendu ce chant ni cette langue étrangère depuis l'âge de neuf mois ; elle en a pourtant gardé la trace en elle. Au seuil de la mort, elle a retrouvé ce moment de bonheur, entre les bras de sa nounou indienne.

Parce que la langue est ce que nous partageons avec les générations précédentes, elle nous introduit en dehors du temps et de l'espace. En faisant nôtre une langue (et d'abord la langue maternelle), nous entrons en rapport direct avec les hommes des autres époques et des autres lieux, avec ce que les générations qui nous ont précédés ont déposé dans les mots que nous utilisons.

Car une autre grande caractéristique de la fonction symbolique, dès lors qu'elle s'inscrit dans le langage, est qu'elle permet de participer à la communauté humaine. Comment cela ?

C'est par le langage que se noue « la reconnaissance interhumaine, la fraternité d'espèce » (F.D.)

Le signe symbolique permet d'assurer entre les personnes une communauté émotionnelle. A travers quelques mots, on peut rappeler à son enfant un événement vécu avec lui, par exemple une journée d'été passée sur la plage, et ressusciter ainsi les émotions qui y furent associées : c'est ainsi que se tisse ce que Françoise Dolto appelle la « reconnaissance interhumaine, la fraternité d'espèce », sans laquelle un petit d'homme ne devient pas un humain.

C'est par les échanges langagiers tissés au jour le jour que l'enfant se construit. Cette présence verbale est essentielle depuis sa conception jusqu'à sept ans (environ), âge auquel il a pleinement acquis la fonction symbolique.

L'épreuve surmontée de la séparation

Parler, c'est arriver à se situer dans le temps. Chaque mot porte en lui la trace d'une expérience passée qui permet d'anticiper l'avenir. Si la phrase: «Je vais chercher le biberon» permet à l'enfant d'attendre, c'est qu'auparavant il a associé le mot à la chose. Ainsi, quand je parle au présent, je m'appuie toujours sur une expérience passée.

> **LE DÉVELOPPEMENT DE LA FONCTION SYMBOLIQUE**
>
> Pour Françoise Dolto, la fonction symbolique existe déjà dans la vie utérine: le fœtus perçoit des rythmes, des bruits, des balancements qui sont pour lui des signaux de sécurité et d'insécurité. Après la naissance, le premier langage symbolique passe par les mimiques échangées entre la mère et le bébé, puis le langage articulé se développe à partir de 16-18 mois. L'utilisation du symbole en tant que tel est pleinement acquise vers six à sept ans, pas avant.

Parler, c'est également se différencier de l'autre: le mot est un médiateur qui permet, pour reprendre l'exemple cité plus haut, de partager le souvenir du bain pris tel jour. Parler de ce souvenir, c'est en même temps constater que, sans les mots prononcés, on ne le partagerait pas; donc qu'il existe une différence entre la mère et l'enfant, qu'ils ne sont pas confondus «l'un dans l'autre». Cela signifie que chacun a son individualité séparée de l'autre, et peut néanmoins (et à cause de cela) partager une même émotion par la médiation du langage. Voilà ce que permet la fonction symbolique : « l'épreuve surmontée de la séparation », dit Françoise Dolto, avec insistance.

C'est avec le langage, grâce au langage, que l'enfant peut se distinguer de sa mère, acquérir son individualité, parce que c'est par le langage que peut exister une vraie relation entre elle et lui – entre deux personnes qui ne peuvent partager que parce qu'elles sont distinctes l'une de l'autre.

NOUS EXISTONS PAR LE LANGAGE

Françoise Dolto n'a jamais cessé d'insister sur l'importance des échanges de langage avec les enfants, et ce dès le moment de la gestation.

Ce qui ne passe pas par le langage reste privé de sens

Il est nécessaire pour le jeune enfant de faire passer toute son expérience dans le langage afin de pouvoir se l'approprier. Car tout ce qui ne prend pas sens par un échange langagier avec une autre personne, tout ce qui n'éveille pas une émotion simultanée chez l'interlocuteur de l'enfant, celui-ci en sera privé ; cela restera en lui comme un territoire inexploré, une terre vierge, dont il ne pourra rien faire, car ces émotions, ces souvenirs seront dénués de sens. Tant que l'enfant ne sera pas assez grand pour avoir avec lui-même une relation de dialogue intérieur où il est à la fois lui et un autre, le rôle de l'entourage sera essentiel.

Si la reconnaissance interhumaine n'a pas lieu par un échange verbal, que se passe-t-il ? On peut distinguer trois situations :

1) Si l'enfant ne sait pas qu'un autre peut également ressentir ce qu'il ressent, son expérience restera lettre morte. Il ne pourra rien en faire.

2) Si ce que l'enfant exprime ne rencontre pas d'écho chez son interlocuteur, soit que celui-ci lui réponde par le silence, soit qu'il le désavoue, alors il ne se sentira pas soutenu dans son élan, dans sa soif d'exister, et il se sentira seul.

3) Si ce qu'il exprime éveille chez l'autre une réaction qu'il ne parvient pas à comprendre, parce que cette réponse est étrangère à son monde d'enfant, parce qu'elle ne lui est pas expliquée, il le retranchera de lui-même, ne se reconnaîtra plus dans ce qu'il a pourtant ressenti, vécu. Il deviendra étranger à lui-même.

LE PARLER VRAI

Parler non seulement aux enfants, mais avec les enfants, est donc essentiel. Encore faut-il savoir ce que l'on dit. Il s'agit de « parler vrai ». Françoise Dolto utilise souvent cette expression. Que signifie-t-elle ?

Il faut parler aux enfants

On peut parler à l'enfant de tout ce qui le concerne. On peut même dire la mort de la mère, la séparation, pourvu que l'on s'adresse à l'enfant en tant que personne, en le respectant ; c'est-à-dire sans violence ni perversité, ni pour décharger ce que l'on a sur le cœur : parler pour lui, pas pour soi.

Selon Françoise Dolto, le silence est plus traumatisant que les paroles. Car ce qui n'est pas dit est toujours vécu comme quelque chose de mauvais, de honteux, quelque chose qu'il faut cacher. D'autre part, un enfant dispose de plus de ressources que l'on ne croit; c'est sur celles-ci qu'il faut s'appuyer pour lui dire, par exemple: « C'est vrai, ta mère t'aime moins que ton petit frère et c'est difficile pour toi. Mais le fait que tu te sentes moins bien chez toi te permettra de sortir et de voyager très loin. » Ou bien: « Tes parents sont morts, et tu te retrouves seul dans la vie. C'est une grande épreuve pour toi, mais c'est aussi une grande chance. Tu en sortiras beaucoup plus fort que les enfants qui ont encore leurs parents, et plus libre. Toi, tu as tes parents dans ton cœur. Bon courage. » « Il est préférable, dit Françoise Dolto, même pour un enfant, de voir les choses telles qu'elles sont plutôt que de les voir telles qu'il voudrait qu'elles soient ». Comment? En lui montrant les aspects positifs de la situation, le parti qu'il peut en tirer.

Même à un enfant qui n'a pas encore acquis le langage, un bébé de huit jours, de quelques mois, même pour un enfant qui n'est pas encore né, Françoise Dolto préconise de parler.

Le bébé saisit le sens général de ce qu'on veut lui dire, quelle que soit la langue. A ce premier âge, il ne perçoit certes pas les mots, mais l'intention qui a présidé à leur prononciation, « la communication inconsciente qui lui est faite », dit Françoise Dolto.

Parler vrai: parler normalement

Parler, mais avec quel langage? Le seul qui soit le véritable langage: celui que l'on parle tous les jours, de préférence au « parler bébé », analogue au « p'tit nègre » que l'on utilisait pour s'adresser aux « sous-développés ». Parler normalement et authentiquement à l'enfant (tout en tenant compte de son propre univers), c'est lui témoigner du respect ; c'est le considérer, encore une fois, comme une personne à part entière.

Avec un enfant plus qu'avec un adulte, le parler non authentique ne passe pas. Plus qu'un adulte, l'enfant est, on l'a dit, en prise directe avec la communication inconsciente. Parler faussement à un enfant revient à lui tenir deux langages à la fois : celui des mots mensongers, et celui de la communication inconsciente qui passe malgré tout, et qu'il ressent même s'il n'est pas en mesure d'en être conscient ou de le formuler.

CE QU'ÉCOUTER VEUT DIRE

Dans *L'Image inconsciente du corps*, Françoise Dolto rapporte son premier rendez-vous avec Pierre, un petit garçon de trois ans qui se plaint de douleurs depuis son entrée en maternelle. « J'ai mal à la tête », dit-il.
Françoise Dolto ne saurait se contenter de cet aveu. Un enfant de cet âge, remarque-t-elle, a une image de son corps qui le conduit plutôt à dire : « J'ai mal à *ma* tête. » Elle le questionne donc, lui demande *où* il a mal à la tête. Pierre désigne alors... son aine. Françoise Dolto suit son intuition : elle demande à l'enfant : « Tu as mal à la tête à qui ? » Sans hésiter, Pierre montre la tête de sa mère... et celle-ci explique qu'elle souffre en effet de migraines chaque fois qu'elle a ses règles.

Parler vrai n'est possible que si l'on écoute. Encore faut-il savoir ce que « parler » signifie pour un enfant, et prendre conscience que le monde de l'enfant n'est pas le monde de l'adulte, loin de là.

Ce monde de l'enfant, quel est-il ?

3

AVANT LA NAISSANCE

« Psychanalystes, nous savons que la vie c'est le désir même. » (F.D.)

Qu'est-ce que la conception d'un enfant ? La médecine, sur ce point, n'a qu'une réponse partielle : elle peut décrire le ballet des gamètes, que celui-ci se déroule dans un utérus ou dans une éprouvette. Elle peut décrire la fabrication d'un corps biologique, mais sa connaissance s'arrête là.

Les religions, quant à elles, divergent sur le point de savoir à quel moment ce corps, encore à l'état de fœtus, devient un être humain ; elles ont changé de position selon les époques. Pour le catholicisme, il n'est pas certain que l'embryon mort à la suite d'une grossesse malheureuse aille rejoindre dans les limbes les jeunes enfants non encore baptisés qui, eux, sont sans aucun doute pourvus d'une âme.

LA CONCEPTION : UNE RENCONTRE À TROIS

La conception est une rencontre à trois : Françoise Dolto n'a jamais changé de réponse sur ce point. Elle a répété sans dévier que l'enfant est une personne, le « sujet de son propre désir ».

Pourtant, il paraît évident à la plupart d'entre nous que ce sont les parents qui conçoivent leur enfant.

Un système pervers : les parents sont tout-puissants, les enfants leur doivent tout

On ne manquait pas, il n'y a pas si longtemps encore, d'expliquer à l'enfant qu'il devait la vie à ses parents, essayant par là de l'amener à manifester de la reconnaissance à ses géniteurs – on pourrait dire : la reconnaissance d'une dette tellement exorbitante qu'il ne serait jamais en mesure de pouvoir la régler.

De ce fait, la responsabilité des parents devenait, par un juste retour des choses, également écrasante : si les parents créent leur enfant à partir de rien, tout ce que deviendra l'enfant, en bien comme en mal, sera de leur pleine responsabilité. Une vision réductrice de la psychanalyse (et de certains psychanalystes) a même abondé en ce sens, ne retenant comme facteurs d'évolution de l'enfant que l'influence exercée par les parents. On a dit et répété, en effet, que les circonstances dans lesquelles les parents ont conçu leur enfant, les désirs qu'ils ont signifiés à son égard tout au long de son enfance, déterminent totalement son destin[3]...

Cette vision finalement assez courante des choses induit un système parents/enfants à double contrainte, où l'enfant doit tout à ses parents sans jamais pouvoir

3. Françoise Dolto n'oublie jamais le troisième terme, à savoir le désir de l'enfant.

se libérer de sa dette, et où les parents sont victimes d'une responsabilité totale – un système reposant sur des rapports de pouvoir et sur la culpabilité, que Françoise Dolto qualifie de « pervers ».

S'il était vrai que les parents conçoivent l'enfant à partir de rien, à la manière du Dieu tout-puissant de la Bible, la question ne cesserait de se poser, à laquelle les religions ont chacune donné leur réponse : quand, à quel moment, l'embryon (ou le bébé[4]) passe-t-il de l'état animal à l'état humain ? Est-ce quand il commence à prendre une forme humaine visible à l'échographie ? Quand il naît ? Quand il parle ?... La chose est indécidable.

Pour vivre, il faut que l'enfant l'ait désiré

A ces questions, Françoise Dolto a répondu : « Seul chaque enfant se donne vie par son désir de vivre. » Si le sujet désire s'incarner, il le fait. La vie et le désir sont une seule et même chose. Ainsi, l'enfant est à l'origine de sa propre vie. La conception est la conjonction de trois désirs : le désir d'un homme et d'une femme (quelles que soient les vicissitudes), et un désir de s'incarner, que Françoise Dolto désigne par des périphrases. Il s'agit en effet d'un désir en devenir, d'une personne à naître – et déjà d'un individu unique, ne serait-ce que du point de vue génétique.

4. Dans la Rome antique, le petit ne devenait humain que lorsqu'il était reconnu par son père, dans les trois premiers mois ; il pouvait aussi bien finir sur le tas de fumier s'il n'était pas agréé, et sans que cela constitue un crime.

En un sens, les parents ne sont que les médiateurs d'un désir à naître. Dans un premier temps, la mère est un médiateur biologique pour l'embryon qu'elle héberge, pourrait-on dire, car dès sa première division, celui-ci est différent de la mère. On sait, par exemple, que la barrière placentaire isole le fœtus de la mère, que le groupe sanguin de l'enfant n'est pas nécessairement celui de la mère, et qu'il peut exister entre les deux des incompatibilités. Après la naissance, les parents joueront ce même rôle de médiateur en éduquant l'enfant : ils l'aideront à devenir lui-même, en développant ce que nous avons appelé la « fonction symbolique ».

Les parents n'ont aucun droit, et tous les devoirs

C'est pourquoi, estime Françoise Dolto, les parents n'ont aucun droit vis-à-vis des enfants, mais seulement des devoirs. Ce qui n'implique pas pour autant, nous le verrons plus loin, qu'ils aient à se sacrifier.

Que le moment de la conception soit le moment où un désir s'incarne, voilà qui relève d'un « mystère » (c'est le mot qu'emploie Françoise Dolto), et non d'un concept psychanalytique, rationnel et scientifique [5]. C'est pourtant un postulat sur lequel va s'édifier l'expérience et le savoir de la psychanalyse des enfants selon Dolto.

5. On sait que toute science, par exemple les théories mathématiques, repose sur des axiomes que rien ne peut justifier. Selon que l'on décide que deux parallèles se coupent ou non, on construit deux géométries différentes...

ET L'AVORTEMENT ?

S'il y a un sujet désirant dès que la vie se développe, comment situer l'avortement autrement que comme une mise à mort ? Si Françoise Dolto soutient ce point de vue, elle ne condamne pas pour autant les mères (ou les parents). Elle propose de dépénaliser l'I.V.G., comme on le fait pour le suicide. Et sans doute cette comparaison n'est-il pas sans signification.

S'il y a du « désir à vivre », laissons-le se développer et trouver lui-même ses solutions pour s'en sortir – au risque d'échouer et de mourir, ajoute Françoise Dolto. Ce n'est pas de la responsabilité des parents, mais de ce « vouloir vivre » qui se manifeste, et qui inventera lui-même ses propres solutions.

Les notions d'incarnation et de mystère puisent à la tradition chrétienne que Françoise Dolto partageait, et que certains lui reprochent. Il n'y a pas de différence de nature entre ce que la psychanalyste Françoise Dolto appelle le sujet et ce que les chrétiens appellent l'âme. Ces sont comme les deux faces d'une même réalité, comme le pile et le face d'une même pièce.

Ce qui est un mystère répond cependant à des critères logiques. Si l'on accepte de considérer que l'enfant est une personne, qu'il est un sujet, il est logique d'estimer qu'il est sujet de son existence, et dès lors il ne peut l'être que depuis l'origine. Rien ne le prouve, certes : c'est un postulat, on pourrait dire un choix de valeur qui fonde ce que nous avons appelé une « éthique ».

Ce mystère renvoie également à une expérience que font les parents au moment de la naissance :

lorsque l'enfant paraît, les parents découvrent une personne qui a ses caractéristiques propres, différentes de ce qu'ils ont pu craindre comme de ce qu'ils ont rêvé. L'enfant n'est pas (du moins pas seulement) l'enfant de leurs fantasmes ou de leurs désirs. Même s'il est de coutume de juger de qui il tient (le menton du grand-père, les oreilles de la grand-mère, les yeux de la mère, les mains du père...), il y a chez le nouveau-né quelque chose qui résiste à cette prise de possession. Tout parent qui ne veut pas faire de son enfant un pur objet le sent bien.

LA VIE INTRA-UTÉRINE

Si l'on considère que l'embryon n'est pas un œuf ou un animalcule, mais un être humain en devenir, on peut avoir l'intuition de la communication qui existe entre la mère et le fœtus.

A cette époque de la vie, le sens de l'odorat, et surtout celui de la vue, qui deviendra prépondérant dans l'enfance et à l'âge adulte, sont encore en sommeil. Tout laisse à penser, dans l'état fragmentaire de nos connaissances, que le goût existe déjà [6], et que l'ouïe est le sens qui prédomine.

On peut désormais poser, si l'on en croit les reconstitutions qui ont été tentées, que l'enfant entend les sons extérieurs comme les sons internes au corps de la mère, filtrés et distordus, redéfinis par le milieu

6. Certaines saveurs des aliments ingérés par la mère, et charriées par son sang, traverseraient la barrière placentaire et formeraient précocement le goût de l'enfant.

aquatique dans lequel il baigne. Il entend la musique et saura reconnaître certains morceaux après la naissance. Il entend les voix environnantes, et identifie sans doute les plus habituelles. Il remarque entre toutes celle de son père (ou du compagnon de la mère), qu'il associe aux manifestations physiques de bonheur qu'elle provoque chez la mère. Rien n'interdit de penser qu'il perçoit quelque chose des ébats des parents.

UN CŒUR TECHNO

Dans *Séminaires de psychanalyse d'enfants* (tome 1), Françoise Dolto rapporte une expérience. On diffuse dans une salle de couveuses le bruit d'un cœur maternel battant à un rythme imperturbable, qui n'est pas sans rappeler le martèlement de la musique disco ou techno. Les bébés s'en trouvent bien, puisqu'ils retrouvent très vite leur poids de naissance. Les puéricultrices, en revanche, perdent leur repères, comme si elle se retrouvaient en dehors du temps et de la réalité, dans un monde utérin qu'elles ont, elles, perdu depuis trop longtemps pour s'en accommoder !

Du corps de sa mère, le fœtus perçoit les bruits digestifs et respiratoires, très proches du bruit du flux et reflux des vagues. Il entend également son cœur, ses accélérations, ses apaisements, de même qu'il entend son propre cœur. Il est certainement très sensible aux états émotionnels de sa mère, permanents ou répétitifs : ses joies, ses angoisses, sa fatigue marquent sans doute l'enfant dès la période prénatale.

Ce monde de sons et de battements restera toujours le symbole d'un monde de sécurité et de vitalité premières, que la musique et ses rythmes sauront recréer. Un jeune enfant qui se balance en rythme cherche à retrouver ce monde de sécurité pour se reconstituer. Les parents de toutes les latitudes le savent bien, puisque tous balancent leur bébé pour leur apporter du bien-être.

Les perceptions prénatales ont fait l'objet d'études, dont il est aujourd'hui bien rare que l'on n'ait pas entendu parler. Moins connue est l'importance que Françoise Dolto accordait aux premières manifestations de la fonction symbolique, telles qu'il existe d'emblée une communication entre le fœtus et la mère.

S'il est encore difficile de rapporter des faits facilement observables à l'appui de cette hypothèse, beaucoup d'indices vont dans ce sens : l'expérience des mères, tout d'abord, mais également la coïncidence entre les événements de la grossesse et les difficultés affectives de certains enfants après la naissance.

« Tout y parlerait
A l'âme en secret
Sa douce langue
natale... »
(Baudelaire,
L'Invitation au voyage*)*

Si elle n'avance pas de certitude dans ce domaine, Françoise Dolto croit pourtant à son expérience personnelle de mère. Elle relate l'expérience qu'elle a faite à chacune de ses grossesses, vers le cinquième mois : le sentiment soudain d'une présence qu'elle ne s'expliquait pas, et qu'elle décrit poétiquement comme une communication d'âme à âme, une communication sans langage qui s'affirmait avec le temps et prenait, vers le septième mois, l'aspect d'une lutte psychique entre deux volontés. Plus d'une fois à partir du septième mois, quelque chose lui commandait de se reposer alors qu'elle se sentait en forme. Ne pas entendre cette voix sans parole suffit-il pour que des accidents arrivent ? Si, vers le septième mois, se produisent tant de naissances prématurées, n'est-ce pas le résultat de ce que l'on pourrait appeler des mésententes entre la mère et l'enfant, c'est-à-dire une surdité ou un refus de la mère de tenir compte de cette voix sans parole ? La question reste posée.

Le vécu et le désir des parents impriment déjà leur marque pendant la gestation

Pour que le développement du fœtus soit satisfaisant, il est nécessaire qu'existe un lien de désir inconscient avec la mère. Qu'est-ce à dire ? Pas forcément ou pas seulement que la mère vive heureusement sa grossesse. Après tout, il existe des manifestations malheureuses ou désagréables qui sont le signe d'un lien très fort. Les vomissements de la mère, par exemple, manifestent bien que le fœtus est présent pour la mère, même s'il réveille chez elle des conflits datant de sa petite enfance [7].

L'absence de lien, par-dessus tout, peut être source de déséquilibre : suite à un traumatisme, souvent un deuil, la mère peut se comporter comme si elle n'était pas enceinte. Il suffit parfois de quelques semaines pendant lesquelles la mère « oublie » sa grossesse pour que l'enfant risque de devenir psychotique.

---

7. Françoise Dolto va jusqu'à soutenir que même l'enfant d'un viol a été désiré inconsciemment par la mère, pendant sa gestation. Sinon, dit-elle, le fœtus serait mort, et elle aurait fait une fausse couche.

Lorsqu'elle rencontrait un enfant qui manifestait de l'insécurité et de l'angoisse, lorsqu'il semblait manquer de vitalité, d'un dynamisme de base, Françoise Dolto se posait toujours la question de savoir si cet enfant avait été accepté, s'il ne s'était pas développé dans un utérus qui l'acceptait sans joie, pourrait-on dire.

UN ENFANT SANS CŒUR

Parmi les cas décrits par Françoise Dolto, il y a celui de Pierre[8].

Le père de Pierre a mis sa fiancée enceinte dans le but de l'épouser. Celle-ci l'a très mal vécu et a violemment refusé l'enfant pendant tout le temps de sa grossesse. Après la naissance, elle a oublié ces sentiments négatifs et a éprouvé de l'amour pour son enfant et pour son mari, comme celui-ci l'avait espéré, et même projeté.

Six ans plus tard, Françoise Dolto rencontre l'enfant. Sa mère s'inquiète de son « manque de cœur ». Pierre n'éprouve pas d'affection pour sa mère. Quand elle veut l'embrasser, il la repousse en lui disant qu'elle l'étouffe. En revanche, il est intelligent, suradapté à l'école, et est le chef accepté de ses petits copains. Parce qu'il a été refusé pendant le temps de la grossesse (et uniquement pendant ce temps), dit Françoise Dolto, cet enfant a fait très tôt le deuil de sa mère et de l'affectivité liée à cette relation. Il s'est vite identifié à son père et a investi précocement la vie sociale.

8. *La Difficulté de vivre*, p. 141 et 164.

L'IMAGE DU CORPS FŒTAL

Quelle image le fœtus a-t-il de son corps ? Quelle représentation s'en fait-il ? La question peut paraître étonnante ou absurde.

Il suffit pourtant d'écouter les enfants, de les observer ou de regarder leurs dessins pour constater qu'ils ont une mémoire du temps d'avant la naissance.

Tout le monde connaît ces premiers dessins que l'on appelle des « bonhommes têtards », constitués d'une forme ronde d'où partent des membres en forme de fils. C'est à peu près la représentation que les enfants ont de leur corps fœtal : une masse orientée selon deux pôles, la tête et la queue, avec au milieu une zone qui évoque le cordon ombilical. Il semble aussi que la référence au milieu liquide soit constante.

L'observation de jeunes enfants qui, sous le coup d'une insatisfaction, régressent à une façon d'être antérieure, et du même coup à une ancienne manière d'être dans leur corps, montre qu'ils cherchent à retrouver le vécu de l'état fœtal : ils perdent les repères temporels et s'installent dans le rythme (d'un balancement par exemple) ; leur regard est désinvesti, leurs yeux paraissent vides ; une morve pend constamment de leur nez, les empêchant de respirer comme de sentir les odeurs, ainsi que le faisait le liquide amniotique ; ils aiment baigner dans leur urine et leurs excréments, comme s'ils avaient besoin d'avoir constamment le postérieur mouillé (encore une fois, comme lorsqu'ils baignaient dans le liquide amniotique).

4

LE NOURRISSON

L'âge du nourrisson, c'est l'âge de la mamelle, de la naissance au sevrage. Il ne dure que quelques mois, en moyenne de trois à huit, parfois moins, mais il est décisif.

A peine sorti de l'épreuve de la naissance, déposé sur le torse de sa mère, le nouveau-né cherche et trouve le sein. L'épreuve suivante sera d'y renoncer, pour découvrir d'autres bonheurs.

L'âge du nourrisson n'est pas l'âge du nourrissage : si l'approvisionnement en glucides, lipides, vitamines et sels minéraux fournis par la mamelle (on ne fait pas encore de lait purement synthétique !) est nécessaire, il n'est pas suffisant.

L'âge du nourrisson est également celui du corps à corps, du peau à peau. Le nez sur le sein, le bébé plonge dans l'odeur maternelle. Et lorsque la source de tous les plaisirs est absente, tout laisse à penser qu'il parvient à l'halluciner, c'est-à-dire qu'il voit et sent le sein malgré tout. Pour lui, le réel et l'imaginaire sont confondus, comme il confond encore sa mère et lui [1].

---

1. Dans le monde du nourrisson, il n'y a justement pas « lui » et « sa mère » : aucune individualité n'est bien distincte... Mais nous n'avons

Dans le même temps, dès la naissance, le nourrisson commence à acquérir les rudiments d'une communication différenciée, dans la distance, par l'échange verbal et non verbal, dont le sevrage fondera les bases.

L'IMAGE INCONSCIENTE DU CORPS

Avant de décrire l'image que le nourrisson a de son corps, il me paraît important de rapporter, ou d'approcher, ce que Françoise Dolto a appelé l'« image inconsciente du corps ». Sans vouloir entrer dans les précisions théoriques, il me paraît nécessaire de connaître cette notion pour comprendre les descriptions qu'elle propose du monde de l'enfance.

Dans leurs dessins, les enfants font le portrait de leur corps imaginaire

Tout est parti du dessin. Devant elle, pendant les séances de psychanalyse, Françoise Dolto a vu des milliers d'enfants dessiner tout en lui parlant. Petit à petit, elle a compris que ce que les enfants représentaient, c'était eux-mêmes, et plus précisément une image de leur corps. Une image étrange, parfois privée de tête, de bras, ou pourvue de trois jambes. Des corps fantastiques que l'on peut comprendre à travers les récits des enfants.

que nos mots, dont l'origine est la séparation d'avec autrui, pour essayer de rendre compte de leur contraire, c'est-à-dire le fusionnel.

L'image du corps : la communication vécue et dite par le corps

Le corps qui apparaît dans les dessins ou les modelages de l'enfant n'est donc pas le corps réel, mais un corps imaginaire, dont l'enfant n'a pas une conscience claire : un corps-sujet constitué non pas seulement des sensations, mais également des désirs conscients et inconscients, des satisfactions, des manques, des fantasmes, des relations avec d'autres corps – celui de sa mère pour le nourrisson.

Cette image du corps est l'ébauche de l'unité individuelle dont nous allons suivre la constitution progressive. C'est d'abord à ce niveau que les relations sont vécues et que s'exprime le sujet (évoqué p. 17), les manifestations du corps constituant un langage symbolique.

L'IMAGE DU CORPS DU NOURRISSON

Les enfants d'environ trois ans dessinent une boule ou un cercle : c'est le corps porté dans les bras de la mère, une masse qui va se différencier en deux ensembles, la tête et le tronc, dessinés sous la forme de deux boules collées l'une à l'autre, sans doute sur le modèle premier de l'accolement de deux masses : celle de la mère (ou du sein) et du bébé.

A l'intérieur de cette boule, « un boudin ou un ver », écrit Françoise Dolto, c'est-à-dire une représentation du tube digestif, de la bouche à l'anus. Il ne s'agit pas encore d'un organe : cela correspond plutôt à la sensation du mouvement qui accompagne le parcours des aliments. Françoise Dolto affirme que les bébés

UNE ARCHITECTURE MATERNELLE

C'est dans la relation à la mère que nous faisons la première expérience du sacré ; mère primitive, douée de tous les attributs, à la fois féminins et masculins, et que figure bien le sein, à la fois masse ronde et douce, mais pointe dressée.
Selon Françoise Dolto, les dômes et les coupoles, les flèches et les minarets des églises et des mosquées où les hommes prient leurs divinités évoquent cette partie du corps de la géante vis-à-vis de laquelle nous fûmes en complète dévotion.

perçoivent les contractions de l'œsophage, de l'estomac et des intestins, que l'on nomme péristaltisme. Ce qui transite ainsi n'est pas seulement de la nourriture, mais de la mère qui entre par la bouche et ressort par l'anus : une mère imaginaire incorporée. La mère est ainsi à la fois une présence extérieure et intérieure pour le bébé.

La bouche, lieu de plaisir pour le nourrisson, est représentée sous la forme d'une sorte de pince, à l'image de la langue plaquée au palais pour sucer et ingérer. Elle est animée d'un désir d'avaler, d'incorporer. Lors de la tétée, le plaisir s'étend également à la lèvre supérieure et au nez, qui sont en contact étroit avec le sein. Plus tard, cette sensation sera activement recherchée par une caresse du doigt ou d'un jouet, d'une étoffe.

Les enfants de trois à quatre ans dessinent souvent, au milieu de la boule ou du rond figurant le thorax et l'abdomen, des points qu'ils appellent des « boutons ». Françoise Dolto pense qu'ils représentent des traces de la relation vécue, lors de la digestion, avec la mère-nourriture apportant euphorie et sécurité.

Le nourrisson, qu'il soit fille ou garçon, associe l'anus et la sortie urinaire au plaisir de pousser vers l'extérieur, de rejeter de son corps la mère incorporée par la bouche.

UN CAS DE RÉGRESSION D'IMAGE DU CORPS

L'image du corps n'est pas seulement une représentation. Elle est également nécessaire pour désirer et agir. Sous l'effet de certains événements traumatiques, l'enfant peut retourner à une image du corps antérieure pour retrouver une sécurité imaginaire. Tel est le cas de ce bébé séparé de sa mère, qui avait régressé à une image du corps fœtal pour retrouver la sécurité de l'utérus... mais il ne savait plus téter.

« C'est le cas d'un bébé fille qui refusait toute boisson, tant à la cuiller qu'au biberon », écrit Françoise Dolto dans *Le Sentiment de soi.* Après l'avoir nourri au sein pendant quelques jours, sa mère avait été hospitalisée. Le coup de génie de Françoise Dolto fut de conseiller d'entourer l'enfant avec du linge de corps de sa mère. Avec l'odeur de sa mère, l'enfant retrouva son image du corps de nourrisson, et partant le geste de téter.

Le besoin d'alimentation était là, mais il ne suffisait pas à stimuler le comportement de téter. A la différence de l'animal, les humains ne sont pas dotés d'instincts leur permettant de garantir leur survie. Il fallait à cette petite fille une relation de désir satisfait par sa mère (plus précisément un signe de sa mère : son odeur) pour qu'elle retrouve une façon d'être dans son corps qui lui permette de mobiliser le geste de téter.

Nous avons tous été le cannibale de notre mère

L'image de la mère, pour le nourrisson, est donc une masse autant extérieure qu'intérieure. Elle est ce qu'il avale, ce qu'il fait transiter dans son tube digestif et ce qu'il excrète.

Elle est également une présence composée de diverses sensations : celles d'une masse charnelle souvent représentée sous la forme d'un sein, de son odeur associée à celles du lait et des excréments, d'une voix, également de la couleur de ses yeux, de sa peau, de ses cheveux.

LES PREMIÈRES PAROLES

Le corps du nourrisson est un corps de désir et de plaisir qui se construit dans les échanges avec la mère. Il ne suffit donc pas de satisfaire ses besoins pour le satisfaire et l'aider à se développer. Très vite, les parents apprennent à différencier les cris qui manifestent un besoin de ceux qui manifestent un désir de présence sans corps à corps, un souhait de communication à distance par le regard et par la voix.

Distinguer le besoin de manger, de dormir, de faire cesser une douleur, du désir de communiquer, n'est pas toujours facile pour les parents, notamment parce que l'essentiel des relations passe d'abord par le corps. Les parents qui ne reconnaissent pas leurs propres désirs auront tendance à interpréter les manifestations de leur enfants comme des expressions de besoins – à l'identique de ce qu'ils reconnaissent (ou ne reconnaissent justement pas) de leurs désirs.

Dès le premier jour, dit Françoise Dolto, la relation de parole est essentielle. Elle ne sait pas pourquoi :

elle ne peut le démontrer rationnellement par des arguments logiques et scientifiques, simplement cela correspond à sa conviction que l'enfant est, dès avant sa naissance, un être de langage, et au fait que « cela fonctionne » : parler à un tout-petit a des effets, notamment celui de permettre à un bébé de ne pas rester bloqué dans un comportement où il met sa vie en danger.

Peu importe la langue : l'important est de parler

Bien sûr, le bébé n'a pas la connaissance exacte du langage articulé. Le sens n'est sans doute pas dans les mots, mais dans la voix qui les porte, et l'affect qu'elle fait passer. On peut lui parler dans n'importe quelle langue, les effets sur lui sont les mêmes. Ces mots sont le support, la manière qu'ont les adultes de faire passer une communication constituée de ressentis plutôt que de dénominations. « Ce qui importe, écrit Françoise Dolto, ce n'est pas tant la parole émise que la complicité des êtres de parole au-delà des corps et des formes visibles ou invisibles, c'est le ressenti complice de sujets par-delà la séparation des corps individués. » Peut-être, pour l'adulte, les mots charrient-ils avec eux, sans qu'il s'en rende compte, l'imprononçable (l'implicite, l'émotion, l'affect) qu'il serait incapable d'exprimer intentionnellement.

Il faut accompagner les gestes de la vie courante d'un commentaire langagier. Dire : « Tu vois, je fais couler ton bain », ou : « Je fais chauffer ton biberon », ou : « Il est trop chaud, on va attendre un peu. » Lorsque l'enfant crie et que les parents ne comprennent pas, pourquoi ne pas dire simplement : « Je ne comprends pas pourquoi tu pleures, je ne comprends pas ce que tu veux me dire. »

Ce qui ne signifie pas que l'on doive être perpétuellement à l'écoute, pétri de bons sentiments : l'agacement, la colère peuvent être également exprimés, du moment que le parent est guidé par le désir de communiquer ce qu'il ressent à l'être humain qu'est son enfant, et non pas celui de seulement décharger ses affects. L'important est de dire ce que l'on vit, ce que l'on sent, plutôt que d'émettre un double langage (celui auquel on veut faire croire, et celui que l'on ressent en fait et que l'on exprime sans s'en rendre compte) qui ne trompera pas l'enfant, ou le laissera dans l'incertitude créée par le double sens.

Ces mots du quotidien, à force d'être répétés, vont instaurer une continuité au-delà des présences et des absences de la mère. L'enfant va définitivement enregistrer les mots dits par la mère pour le calmer en lui donnant à téter, et encore plus le ton et ses modulations (car nous nous souvenons de tout, même d'une langue étrangère entendue dans le coma). Il cherchera bientôt à en reproduire les sons, suscitant ou ressuscitant ainsi le moment où, entendant ces mots prononcés par sa mère, il avait trouvé une réponse à son désir. C'est pour lui une façon de traverser les temps de l'absence maternelle, et c'est en même temps une première approche du langage.

Au fil des mois, les sons répétés quotidiennement prendront progressivement sens. Ils auront anticipé l'expérience que fera l'enfant, comme balisé d'avance le terrain sur lequel il va bientôt s'aventurer, lui permettant d'humaniser ce qu'il vivra : c'est-à-dire ne pas lui laisser faire une expérience « insensée », mais d'inscrire déjà dans un sens l'expérience qu'il va faire. Ainsi, par exemple, de l'expérience du chaud : à force d'avoir entendu dire que « le biberon est chaud », il pourra faire un jour l'expérience humanisante de la chaleur lorsque sa main sera presque brûlée par l'objet. Il ne fera pas une expérience sans mot, abrupte, ouverte à tous les fantasmes.

C'est ainsi, par le langage, et dès la naissance, que s'élabore ce que Françoise Dolto appelle invariablement l'« humanisation », et en quoi elle résume la mission des parents : aider l'enfant dans son mouvement d'humanisation.

L'ALLAITEMENT

Paraphrasant le proverbe, on pourrait dire que les allaitements heureux n'ont pas d'histoire. Ce sont les expériences malheureuses dont rend compte Françoise Dolto, des expériences qui nous racontent, en creux, ce qui existe lorsque, justement, il n'y a rien à raconter.

Dans *La Difficulté de vivre,* Françoise Dolto explique combien il est plus facile à une mère d'allaiter son enfant quand elle a connu une bonne relation avec sa propre mère – mais aussi qu'une relation difficile peut être « réparée », si besoin est.

Pendant la Seconde Guerre mondiale, à la maternité, une femme voit sa montée de lait, pourtant très généreuse, stoppée dès la première fois qu'elle donne à téter à son bébé. Dans les hôpitaux, le temps n'est pas à la psychanalyse. Malgré les sarcasmes de ses confrères, Françoise Dolto, alors très jeune médecin, se risque à dire sa pensée : « C'est psychosomatique ! »

NOURRIR SON BÉBÉ

Après la grande vague de la nourriture industrielle (lait synthétique et petits pots), soutenue par quelques grandes firmes et avec la complicité du corps médical, on est revenu aujourd'hui à une position plus raisonnable.
On sait que le lait maternel est le meilleur qui soit pour le bébé. Ce qui ne signifie pas que le lait en poudre soit à proscrire systématiquement.
La quantité à donner dépend de la qualité du lait et des besoins du bébé, qui sait très bien se réguler lui-même. En moyenne, un nourrisson nourri à la demande réclame de lui-même la tétée toutes les trois à quatre heures.
En aucun cas il n'est nécessaire de céder à la dictature du poids : un bébé ne doit pas obligatoirement faire tel poids à tel âge pour être en bonne santé.
Autant que la nourriture calorique, le nourrisson a besoin d'une nourriture affective : un climat d'échanges et de sécurité est nécessaire, tout spécialement au moment de l'alimentation.

Pourtant, elle est entendue : peut-être parce que l'on attendait beaucoup de cette jeune mère, en un temps où de nombreuses femmes, traumatisées par la guerre, n'avaient pas de lait. L'accouchée aurait fait une magnifique nourrice...

Sur les conseils de Françoise Dolto, une surveillante entreprend de faire parler la jeune mère. Elle fait même beaucoup plus – un geste que, sans doute, n'aurait pas osé une psychanalyste. Apprenant que la jeune femme a été abandonnée par sa propre mère à la naissance, la surveillante la prend contre elle et, après lui avoir mis son bébé dans ses bras, lui donne le biberon au lieu de le donner au bébé. Mieux, elle lui dit en même temps qu'elle tient sans doute sa beauté de sa mère, et que celle-ci a dû avoir de bien graves raisons de l'abandonner. Elle restaure ainsi une image positive de la mère, tout en permettant à la femme de vivre la relation de maternage qu'elle n'a pas connue... Trois heures après, la jeune femme allaite de nouveau son bébé...

Cette histoire a le mérite de montrer à quel point l'allaitement renvoie à des processus inconscients. Mais de ceux-là, la mère ne peut être tenue pour responsable. Tout au plus est-il utile de les éclairer, quand cela se révèle nécessaire. Pour Françoise Dolto, il n'y a ni bonne ni mauvaise mère. Elle s'est toujours insurgée contre de tels jugements, faisant remarquer que si l'enfant est né de cette mère-là, c'est qu'il l'a désiré, comme elle-même a accepté cet enfant. Et que ce désir soit conscient ou inconscient, assumé ou non, ne change rien à l'affaire : pour Françoise Dolto, l'existence de l'enfant prouve le désir. Qu'il y ait des mères qui facilitent plus ou moins le développement de leur enfant, c'est une évidence. Mais elles sont toutes mères, un point c'est tout, dit-elle. C'est pourquoi elle pense également que l'avortement d'une femme violée pose problème : s'il y a grossesse, c'est qu'il y a malgré tout désir de vie, chez le fœtus comme chez la mère.

ET LE PÈRE ?

Nous n'avons parlé jusqu'ici que de la mère, et de ce qu'on appelle parfois la « dyade », à savoir le couple mère/enfant.

Pourtant, si la mère ne s'intéresse qu'à son enfant, celui-ci devient un fétiche, comparable aux poupées avec lesquelles elle a joué : un objet dont la vocation est de lui faire plaisir. Devenu grand, l'enfant deviendra « pervers » – c'est le mot employé par Françoise Dolto. De même qu'il n'avait d'autre fonction que d'assurer la satisfaction de sa mère, il fera de son propre confort le but ultime des relations qu'il entretiendra avec les autres, comme avec lui-même.

Il est donc important que la mère ne soit pas « centrée » sur son enfant ; qu'elle ait des intérêts hors de sa famille (professionnels, sociaux), et que dans sa famille elle éprouve de l'intérêt pour son compagnon, comme pour ses autres enfants.

Cependant, même si la mère n'occupe pas tout le champ d'attention du nourrisson, si elle a d'autres intérêts, cela ne suffit pas pour que le père existe en tant que personne distincte pour le bébé. Dans cette première période, c'est au travers de la mère que le père existe. Ils ne se distingueront l'un de l'autre que progressivement. Ils resteront longtemps un ensemble mal différencié, une sorte de personne à deux têtes, l'un pouvant remplir la fonction de l'autre. Il faut attendre que l'enfant ait bien intégré la différence des sexes, vers trois ans, pour qu'il les distingue définitivement. Et quand les adolescents disent « les parents », sans doute évoquent-ils encore cet ensemble qu'ils ont connu dans leur jeune âge.

Pour le nourrisson, le père existe* dans *la mère et* par *la mère

Tout d'abord le père n'existe que si la mère le reconnaît comme tel. « Si l'on observe bien, écrit Françoise Dolto, on s'aperçoit que le seul sexe sûr d'être l'auteur de sa descendance est le sexe féminin », tout simplement parce que c'est la mère qui est enceinte et qui accouche. L'homme est le père parce qu'il est désigné comme tel par la mère[2]. Et en le désignant, elle le fait exister aux yeux de son enfant, que ce père réel soit le géniteur ou non. C'est elle qui en décide.

TON PÈRE N'EST PAS MON PÈRE

Il est bon que la mère désigne le père de l'enfant (qu'il soit ou non le géniteur) par des mots comme « ton père ». Si elle disait « papa », comme on l'entend parfois, elle prêterait à confusion, puisqu'elle parlerait comme une petite fille désignant son propre père, et non pas comme la mère de son enfant.

Pour le nourrisson, le père existe *par* la mère : tant que l'enfant se vit comme faisant un tout avec sa mère, comme si elle était une partie de lui et comme s'il était une partie d'elle, sa mère n'est pas identifiée comme un autre. C'est seulement lorsqu'elle manifeste

2. Le test chromosomique ne modifie pas fondamentalement cette affirmation. Il permet d'identifier le père biologique, mais non le père tout court : celui qui élève l'enfant, en accord avec la mère, et qui n'est pas toujours celui que Françoise Dolto appelle le « père de naissance ».

dans ses dires et dans ses émotions, également par ses absences, un attachement d'un autre ordre que celui qu'elle éprouve pour l'enfant, c'est-à-dire quand elle lui manque, qu'elle commence à devenir pour lui une personne distincte de lui – et que par conséquent il peut lui aussi commencer à exister en tant que personne distincte d'elle.

C'est également avec la mère que le bébé, fille ou garçon, noue sa première relation au masculin. Car le père est « *dans* la mère », écrit Françoise Dolto ; pour le nourrisson, la mère est dotée de caractères qui feront plus tard partie des attributions et attributs phalliques : sa grande taille et sa puissance, tout d'abord, mais aussi certains des aspects de son corps. Françoise Dolto illustre souvent ce propos par l'image de l'allaitement, ou plus exactement du rapport entre le tétin bandé, turgescent comme un organe masculin, et la bouche du bébé lors de la tétée. Elle remarque d'ailleurs que, pour l'enfant, cette expérience a une dimension érotique : le bébé garçon a souvent une érection au moment de la tétée, et sans doute le bébé fille connaît-elle des réactions vaginales équivalentes. Elle estime également que, dans sa manière d'être présent par moments puis de disparaître pour revenir, le sein peut être associé par le bébé au pénis qui visitait le corps de la mère quand il était encore un fœtus.

LE SEVRAGE ET LA CASTRATION ORALE

Après celle de la naissance, l'épreuve du sevrage est la seconde castration que le bébé doit surmonter.

Pour que cette épreuve soit franchie avec succès, il est souhaitable qu'elle se déroule lorsque l'enfant est capable de l'affronter, c'est-à-dire au moment de l'apparition des premières dents, et lorsque l'enfant a acquis la capacité de porter des objets à la bouche.

Le meilleur sevrage est celui que l'enfant accepte de lui-même. Il arrive en effet que l'enfant refuse spontanément le sein et s'oriente vers d'autres modes d'alimentation[3]. Le plus mauvais sevrage est celui qui est imposé sans que l'on ait donné au bébé le temps ni l'occasion de changer d'investissement.

« Il faut castrer la langue du téton pour que l'enfant puisse parler. » (F.D.)

Comme toute castration, l'épreuve du sevrage a deux versants : ce dont le nourrisson doit se couper, et ce qu'il peut ainsi acquérir. Quel est le « circuit court » qu'il doit abandonner, et quel « circuit long » va-t-il découvrir ?

En renonçant au lait maternel, le bébé renonce à une image du corps où la mère et lui-même sont fusionnés. Il se sépare du sein, et du lait qu'il vivait comme faisant partie de lui. Il renonce en même temps au cannibalisme imaginaire : il ne mange plus ce qui à la fois était sa mère et faisait partie de lui.

En perdant le sein, c'est comme s'il perdait sa bouche, laquelle faisait corps avec celui-ci. La succion des mains et des objets permet au bébé de trouver un substitut du sein, mais aussi de s'assurer de l'existence de ses lèvres et de sa langue : c'est une manière de s'approprier sa bouche.

3. Encore faut-il qu'on lui offre la possibilité de faire d'autres expériences que celle du sein.

La mère est l'initiatrice du langage dit « maternel »

L'enfant renoncera ensuite à faire de sa bouche son mode essentiel de rapport avec le monde. Une suite du sevrage sera donc l'interdiction de manger tout ce qui « n'est pas bon », comme on dit si souvent[4], c'est-à-dire tout ce qui n'est pas alimentaire, et que le bébé devra apprendre à ne pas avaler.

La perte du corps à corps initie une relation distanciée avec la mère. Le bébé va découvrir que ses cris, ses lallations, ses gazouillis comme ses gestes (frapper, jeter les objets...) ont un effet sur son entourage. Il découvre donc un autre mode de communication que le corps à corps, une communication à distance.

Les mères ne sont pas toujours averties de l'importance de ce passage, et de l'attention qu'il faut y prêter. On s'y prépare par les échanges langagiers permanents décrits précédemment. Entre autres moments, celui de la tétée est essentiel.

L'enfant a besoin d'entendre commenter sur ce qu'il vit. C'est ainsi que, petit à petit, les mots viendront à signifier quelque chose. Dire à un bébé de deux mois : « Je vais te préparer ton biberon » peut paraître dénué de sens. Pourtant, l'intention est là, de même que la mélodie de la voix ; le mot « biberon », petit à petit, sera associé au plaisir du lait, à la sensation de satiété.

Pour toute chose, le bébé a besoin qu'on lui parle de ce qu'il s'apprête à connaître, avant même qu'il en fasse l'expérience. Ainsi, explique Françoise Dolto, il

4. A tort, car l'expression porte à confusion : ce qui n'est pas bon à manger peut être bon à regarder, à toucher, à entendre...

aura à sa disposition des paroles qui lui permettront d'humaniser ce qu'il vivra.

La mère peut accompagner les jeux de l'enfant dès l'âge de trois mois, en désignant par des mots les objets qu'il met à sa bouche, leur couleur, leurs qualités tactiles (dur, froid, pelucheux...), et en jouant à les échanger. Ainsi, le bébé apprend à associer des mots ou des sons aux objets, et à sa mère elle-même. Des sons qu'il répétera à sa manière dans ses gazouillis, et qui prendront progressivement une fonction symbolique, celle de signifier la mère en son absence. Ainsi le bébé passera-t-il de son premier mode de pensée, où, dans la confusion entre réel et imaginaire, il hallucine le sein absent, à un mode plus élaboré où le langage prend le relais de la présence maternelle, et en est d'abord totalement imprégné.

Françoise Dolto voit dans cette source maternelle du langage l'explication de la structure des premiers mots, constitués en général de phonèmes redoublés (mama, papa, caca...). Elle y retrouve le jeu du double mère/enfant, qui doit se séparer lorsque la mère s'absente, et se rassemble lorsqu'elle est présente.

Le sevrage réussi permet à l'enfant d'exister séparé de sa mère, et donc de commencer à avoir des relations avec autrui. L'enfant peut alors développer une communication avec les autres en utilisant des sons composés d'une ou deux syllabes, qui seront compris par son entourage proche comme des signes de sentiments et de demandes, et bientôt comme des mots à part entière. Il devient également capable de s'exprimer et de converser par des mimiques qu'il a apprises de sa mère et de ses proches. Enfin, il sait utiliser des gestes, comme taper pour faire du bruit, pour provoquer les réactions attendues de son entourage. Il devient ainsi capable de développer des relations à distance dont il tire du plaisir.

LES TROUBLES PRODUITS PAR UN SEVRAGE MANQUÉ

Le sevrage est manqué lorsque l'arrêt de l'allaitement n'a pas amené l'enfant à développer une relation de communication par gestes et par sons avec sa mère, lorsque celle-ci n'a pas parlé (symbolisé) ce passage du sein au biberon.

Un cas typique de sevrage raté est le sevrage brutal, lorsque l'enfant est privé du sein et mis en garde ou à la crèche dans le même temps. L'enfant vit alors ce que l'on peut appeler une amputation de son image du corps : il se voit brutalement privé de son sein-bouche (puisque cet ensemble fait partie pour lui de son corps). La zone orale (bouche, gorge et nez) n'a pas l'occasion de découvrir progressivement d'autres sensations, d'autres plaisirs.

Les ratés de l'épreuve du sevrage affectent donc spécialement la bouche et le larynx.

Certains jeunes enfants tentent de régresser à une image du corps fœtal, lorsque la bouche et la gorge baignaient dans le liquide amniotique dont ils retrouvent l'équivalent dans cette morve qui remplit leurs fosses nasales, pend sans cesse de leur nez ou qu'ils avalent.

Les grands suceurs de pouce, et ceux qui portent à leur bouche tous les objets à leur portée, n'ont pas pleinement réussi le passage du sevrage.

Les difficultés de l'apprentissage de la parole, les troubles du langage tels le bégaiement ou le mutisme peuvent être liés à des ratages de l'épreuve du sevrage.

La castration maternelle

La séparation réussie n'est pas une épreuve seulement pour l'enfant. Pour la mère, le corps à corps du portage et de l'allaitement était aussi un plaisir. Elle doit y renoncer. Il arrive qu'elle ne le puisse pas, ou du moins qu'elle ait du mal à y consentir – souvent parce qu'elle a mal traversé son propre sevrage étant enfant. Elle doit pouvoir communiquer avec son enfant autrement que par le contact corporel, les gestes du nourrissage et du nettoyage. Il est nécessaire qu'elle prenne plaisir à parler à son bébé avec des mots et des gestes, dans une relation plus distancée.

5

LES PREMIERS PAS VERS L'AUTONOMIE

La maturité du système nerveux s'achève au cours de la deuxième année, rendant possible l'acquisition de la marche et de la propreté. C'est le temps pour l'enfant de développer son autonomie et de se confronter aux premiers interdits.

L'âge du muscle et de la volonté

Cette période, caractérisée par la prise de possession du monde et la maîtrise des affects, prend fin vers l'âge de trois ans, avec la découverte de la différence des sexes. Elle a commencé vers le sixième mois, avec les premiers jeux avec les objets.

L'âge de la découverte et de la créativité

Dans *La Difficulté de vivre,* Françoise Dolto dresse un portait idyllique de cet âge. « On reconnaît l'enfant qui est élevé par une mère libérale, écrit-elle (et dieu sait si elle a tempêté contre les mères en général, les frustrantes et les infantiles, les insatiables mangeuses d'enfant, tout en respectant profondément chaque mère en particulier). Il est toujours en mouvement, il s'occupe, construit, démonte, il passe par tous les états affectifs, bavarde sans cesse : il ne s'ennuie jamais, il a toujours quelque chose à faire. Il explore sans cesse le monde autour de lui, cherchant à en reculer les limites, en tentant des expériences nouvelles et parfois interdites : il n'a pas peur. Si sa mère l'accompagne dans cette découverte en lui délimitant un cadre à la fois souple et ferme, si elle lui apporte indulgence et sécurité, si elle lui laisse tenter ses expériences sans manifester trop d'anxiété et sans le frustrer, il sera spontanément propre et régulera son alimentation entre deux ans et deux ans et demi. Il aura acquis une autonomie motrice complète vers trois ans. « Celui qui, avant trois ans, a reçu de sa mère la conviction qu'elle était toujours satisfaite de lui, s'est senti aimable et valeureux par lui-même, indépendamment de ce qu'il prenait (mangeait) ou faisait (excrémentait), celui-là ne se trouvera jamais dans le dénuement dépressif, anxieux, que connaît l'aimé sous condition », écrit Françoise Dolto.

Avec une telle mère, à trois ans, l'enfant régule son alimentation, sa propreté, il sait s'habiller seul en tenant compte du froid et de la chaleur.

Cet âge a son importance. Bien des ratés de notre civilisation peuvent être rapprochés des ratés de cette phase d'évolution : notamment, le goût maniaque du pouvoir, la violence vis-à-vis d'autrui et de ses biens, comme l'appauvrissement affectif et émotionnel au travers des rituels et obsessions diverses, ou encore un commerce social fondé sur l'anonymat dévastateur de la monnaie.

L'IMAGE DU CORPS A L'AGE DE LA MARCHE

On dispose de nombreuses informations sur la représentation inconsciente qu'ont les enfants de leur corps entre un an et trois ans, car c'est à cette époque que les enfants découvrent leurs talents d'insatiables dessinateurs, et sont en mesure de commenter plus facilement leurs productions.

La représentation du corps devient complète

Le premier état de l'image du corps à l'âge de la marche ressemble encore à l'image du corps du nourrisson. Elle est composée d'une masse en forme d'œuf qui rassemble le thorax et l'abdomen, et d'où jaillissent directement les membres et la tête (le cou et les épaules n'existent pas). Au pôle inférieur de cet ensemble, les enfants dessinent souvent un second rond orné d'un trait appuyé ou d'une sorte d'appendice, identique chez les filles et les garçons (représentation globale des organes excrémentiels), et d'où partent les jambes.

Au pôle supérieur, la tête est figurée par un autre rond pourvu de points pour les yeux et le nez, et d'un rond pour la bouche. Cette tête est généralement surmontée d'un chapeau ou de cheveux, marques d'une puissance partagée par les deux sexes malgré les signes distinctifs que l'on peut repérer entre les dessins des filles et ceux des garçons.

La tête n'est, pour l'enfant de cet âge, lieu de la volonté que pour autant qu'il vit un climat d'acceptation de la part de ses parents. Sinon, elle est, par identification, la tête du parent réprobateur. Dans ce cas, les impulsions motrices ne sont pas vécues comme intégrées à la personne de l'enfant : c'est le pied qui désire marcher, la main qui veut frapper, la bouche qui veut prendre.

Les bras et les jambes sont pourvus d'organes qui se multiplient avec le temps : d'un seul doigt les premiers temps, à cinq, voire beaucoup plus ! Ces organes sont décrits par les enfants sur le modèle oral bouche/sein, comme des bouches qui prennent, ou des doigts qui pénètrent.

A la fin de cette période, la représentation du corps est complète. Le bonhomme de la fille arbore jupe et sac à main, le dessin du garçon une canne, ou tout autre outil manifestement viril.

Cette représentation encore imaginaire va devoir se mesurer à la réalité. Dès qu'il se met à marcher, l'enfant doit accepter ses limites et abandonner progressivement la toute-puissance liée à l'image du corps héritée de l'âge où il était nourrisson, pour s'installer dans un schéma corporel en rapport avec son corps réel. Cette perte va être compensée par la découverte d'une autre puissance, celle qu'il va développer dans l'espace et vis-à-vis des objets.

L'enfant apprend à commander ses sphincters

L'âge du nourrisson était centré sur les plaisirs de la bouche, d'où le nom de « stade oral » donné par les psychanalystes. L'âge de la marche est celui de la maîtrise musculaire. Un de ses moments essentiels réside dans l'apparition de la maîtrise de l'expulsion des excréments. En effet, l'anus est un muscle strié, au même titre que les

D'OÙ VENONS-NOUS, OÙ ALLONS-NOUS ?

Le petit enfant rapproche l'oral de l'anal : il imagine que tout ce qu'on lui donne à manger a été excrété, de même que sa mère a plaisir à manger ce qu'il rejette (tel est le motif des scrupuleuses toilettes maternelles dans l'imaginaire de l'enfant).
Ce fantasme évoluait naturellement chez les enfants qui vivaient autrefois à la campagne : leurs excréments revenaient à la terre, figure maternelle prenant naturellement la suite de la mère génitrice. Aujourd'hui, à notre époque du trou mystérieux des toilettes et de la chasse d'eau, il devient nécessaire de parler du trajet des excréments, afin que le jeune enfant sache le devenir de ce qu'il se représente comme étant une partie de lui-même.

autres muscles du corps qualifiés de « volontaires ». Pendant longtemps, l'enfant urine et défèque lorsqu'il éprouve un plaisir, dans un mouvement d'heureuse détente. Après avoir appris à commander aux muscles de ses bras et de ses jambes, il découvre qu'il peut également retenir ou pousser ses excréments vers l'extérieur. Cela devient vite un jeu, comme de sauter ou d'attraper les objets. Cette expérience de maîtrise, lorsqu'elle n'a pas été troublée par un dressage à la propreté, va servir de modèle en d'autres lieux du corps : la bouche d'abord, qui est également un sphincter ; et l'opposition du pouce et de l'index, vécue comme un autre sphincter. Ainsi l'expérience de la maîtrise anale va-t-elle s'étendre à d'autres sphères et permettre le développement de l'habileté manuelle comme de l'habileté vocale.

L'EXPÉRIENCE DU MIROIR

La reconnaissance par l'enfant de son image dans le miroir marque la fin de l'image inconsciente du corps ; du moins celle-ci restera désormais refoulée, oubliée, et sera remplacée par une image plus réaliste, dans la mesure où elle correspond à la fois à l'image qu'ont les autres de l'enfant, et également à son schéma corporel.

Jusqu'alors, l'enfant vivait un corps imaginaire, essentiellement tissé par les relations qu'il entretenait avec les géants qu'étaient ses parents. Un corps doué de puissance, un corps magique.

Avant de se reconnaître dans le miroir, le petit enfant ne s'imagine pas être un bébé

Pour Françoise Dolto, la rencontre par l'enfant de son image dans le miroir a un caractère traumatique, voire « castrateur ». En effet, lorsque l'enfant s'arrête devant le miroir et montre son reflet en disant « bébé ! », il ne se reconnaît pas : il ne voit là qu'un de ces petits êtres qu'on lui a désignés comme étant des bébés. Lui-même a la faculté de s'imaginer sous les aspects les plus variés, qui ne sont pas sans rappeler la mythologie et les contes de fée. Un animal, mais aussi une machine ou un végétal : le jeune enfant est capable de s'identifier à n'importe quoi, faculté qui caractérise certains cas de troubles graves, tel celui de l'enfant identifié à la machine à coudre de sa mère[1]. Le plus souvent, heureusement, il se prend pour un humain ; mais un

1. Voir page 24.

adulte. Il ne sait pas qu'il a la taille et l'apparence d'un enfant. Quand il voit ses parents, il se voit.

Certes, l'enfant a déjà le sentiment de sa cohésion individuelle. Celle-ci s'est tissée au cours des échanges langagiers avec sa mère. Mais, s'il a déjà conquis une relative autonomie, il se confond encore avec sa mère. Ce que va apporter l'expérience du miroir, c'est le constat qu'il est limité à une enveloppe, celle de sa peau, saisie par le regard. Et cette enveloppe le sépare des autres, le distingue de sa mère. C'est grâce à cette expérience qu'il s'individualise réellement : il peut clairement distinguer « toi » et « moi ». C'est à ce moment qu'il commence à parler à la première personne : au lieu de se couler dans le langage des parents et de dire : « Bébé a faim », il dit : « je » et se rend compte que ce que « je » veux n'est pas ce que l'autre veut ; découverte que l'enfant va développer en jouant à dire « non » et à en constater les effets.

L'enfant se reconnaît dans le miroir par le regard d'un autre

Qu'est-ce que l'enfant découvre dans le miroir ? S'il est seul, il y voit une image plane, à deux dimensions, qui disparaît quand il bouge, et réfléchit immanquablement chacun de ses gestes, et rien que ses gestes. S'il se satisfait de ce jeu, l'enfant peut se perdre dans ce jeu d'apparence.

La véritable rencontre dans le miroir se fait par la présence d'un autre. C'est dans le jeu des regards croisés qu'il va véritablement se reconnaître dans le miroir. Parce qu'il voit l'image de l'autre réfléchie dans le miroir, il peut comprendre que sa propre image est ce que l'autre voit de lui. Le voici tel qu'il est vu par l'autre. Tel qu'il se verra désormais, tel qu'il sera pour lui-même.

L'enfant se trouve réduit, dans cette image, à n'être qu'un enfant. Il ne peut plus être ce qu'il souhaite, ou du moins il ne peut plus laisser subsister l'hypothèse d'être un avion, une mère, un père, un animal... Il est désormais réduit, selon le principe d'identité, à être ce qu'il est et rien d'autre – hormis dans les jeux auxquels s'adonnent les enfants («Si j'étais...»)... et les adultes au théâtre.

Être soi-même : savoir dire non et savoir mentir

Cette image est comme une chose à laquelle l'enfant se trouve réduit. Il comprend qu'elle est ce que les autres voient de lui et sait désormais qu'entre cette image-chose et sa représentation imaginaire de lui-même («comment il se sent de l'intérieur»), il y a une différence, un écart qui ne sera jamais comblé. En même temps, il accepte de se reconnaître désormais dans cette image-chose en quoi les autres le reconnaissent. Il accepte le fait qu'il ne se rencontrera jamais, qu'il ne coïncidera pas avec lui-même.

D'où sans doute un redoublement d'intérêt pour cette image qui est lui-même sans l'être. S'il est une apparence, et en cela étranger à une vraie communication, cela permet de faire semblant : en essayant des grimaces, en prenant des poses devant la glace, l'enfant joue à faire des mimiques, à exprimer des sentiments qui ne sont pas les siens, mais qui peuvent avoir un effet sur son entourage : il apprend à mentir. Il comprend également que les autres peuvent faire de même : il perd sa naïveté et devient critique vis-à-vis d'autrui.

LA CASTRATION ANALE

Après la naissance, après le sevrage, une troisième épreuve donne l'accès à de nouvelles capacités et de nouveaux plaisirs. Cette troisième étape, Françoise Dolto l'appelle la « castration anale ».

Fin de la fusion, fin de l'immobilité

A quoi l'enfant doit-il renoncer ? Que gagne-t-il de nouveau à cet âge ?

Entre un an et trois ans, l'enfant renonce à la relation fusionnelle avec sa mère ; il perd les avantages liés à une relation d'assistance, mais il gagne en indépendance, il devient mobile et volontaire – pour autant que ses parents acceptent cette évolution.

L'interdit de nuire et de tuer

La castration anale, c'est donc, après les ruptures de la naissance et du sevrage, la continuation de la perte de la mère. C'est également pour le petit enfant la première confrontation aux interdictions que les parents commencent à poser, pour le protéger des dangers du monde extérieur qu'il explore, et pour l'empêcher de nuire – c'est-à-dire de faire aux autres ce qu'il n'aimerait pas qu'on lui fasse.

Il y gagne de s'ouvrir au commerce avec les autres sur un registre socialisé ; de pouvoir partager des activités, des plaisirs, avec d'autres personnes, qu'il se met à considérer comme des individus aussi libres et autonomes que lui. C'est à cette période que l'interdiction du meurtre et plus largement de l'atteinte à tout ce qui appartient à autrui va s'intérioriser, si l'interdit est bien donné.

Trop souvent, cet interdit n'est jamais intégré. Si on se limite à interdire la violence à l'enfant en étant soi-même violent, les pulsions agressives sont simplement refoulées sans avoir pu être transmuées – les psychanalystes disent « sublimées » – dans des plaisirs socialisés. Dès lors, ces pulsions agressives sont comme les eaux d'un lac retenues par une digue. A la moindre occasion, les vannes s'ouvriront, l'agressivité se manifestera telle quelle, avec la même sauvagerie que celle manifestée par un petit enfant de deux ans. Il suffira pour cela que le social le permette, à l'occasion d'un conflit ritualisé : certains sports, les conflits sociaux, mais aussi la guerre, et plus généralement toute situation où l'impunité est plus ou moins garantie.

Il est donc très important de savoir donner à l'enfant des interdits qui lui permettent de transformer ses pulsions agressives en activités socialement bonnes.

Il ne suffit donc pas d'« imposer sa loi » en utilisant l'avantage de la force dont l'adulte dispose vis-à-vis de l'enfant. Dire : « C'est non parce que je l'ai décidé ainsi », c'est installer un barrage, une de ces digues susceptibles d'être emportées, une frustration qui cherchera à se résoudre dès que l'adulte aura le dos tourné. C'est considérer l'enfant comme un animal qui doit être conditionné pour ne pas réaliser certains actes. Or, bien au contraire, la finalité de tout interdit est d'humaniser l'enfant.

Il faut expliciter et expliquer les interdits

Tout d'abord, il faut énoncer explicitement les interdits, les dire et redire. On ne le fait pas assez. Non pas en disant : « Je ne veux pas que... », ce qui n'est somme toute qu'une position autocratique, mais en disant : « Il ne faut pas... », et en expliquant la raison de l'interdit.

S'il s'agit d'interdits sociaux, comme ceux de nuire à autrui, l'enfant comprendra la portée de l'interdit par l'exemple apporté par les parents, qui eux-mêmes se soumettent à cet interdit en l'expliquant. Il ne s'agit pas d'amener l'enfant à respecter un interdit par simple conformisme, ou par soumission aveugle à une loi divine inexpliquée. L'interdit peut être soumis à la critique de l'enfant.

Presque tous les interdits sont temporaires

A part ceux du meurtre et de l'inceste et leurs dérivés[2], les interdits de la petite enfance sont temporaires. Ils sont énoncés pour protéger l'enfant d'expériences qu'il n'est pas encore assez grand pour tenter sans danger.

> LA BONNE INTERDICTION
>
> Interdire, c'est proposer de renoncer à la satisfaction directe d'une pulsion pour une satisfaction plus grande de cette même pulsion, mais obtenue par un « circuit long ».
>
> L'interdiction bien posée n'est pas une violence gratuite : elle ne consiste pas à refuser pour refuser, ni à frustrer pour frustrer.

2. Par exemple, l'interdiction de nuire au bien d'autrui est une extension de l'interdit de nuire à autrui.

Interdire de descendre seul l'escalier n'a de sens que si l'enfant n'est pas capable de le faire seul. S'il arrive un jour qu'il le descende malgré tout et avec succès, il ne serait pas bon de lui en faire le reproche ; ce serait dénigrer une grande victoire que l'enfant vient de faire dans sa progression vers l'autonomie, en bravant l'interdit. Ce sera l'occasion, dit Françoise Dolto, de féliciter l'enfant pour son exploit, et de lui expliquer qu'on le lui avait interdit parce qu'il était encore trop petit, par prudence et pour lui éviter de se faire mal. Ainsi, tous les interdits seront compris par l'enfant comme une façon temporaire de le protéger plutôt que de l'empêcher d'agir.

Enfin, l'interdiction de ne pas *faire* n'est pas l'interdiction de *dire* le désir que l'on aurait de faire. C'est ainsi qu'il faut souvent comprendre les situations où l'enfant cherche à transgresser un interdit devant l'un des parents. Plutôt que de se fâcher, il suffit de rappeler tout simplement l'interdit. C'est ce que l'enfant attend. Il a besoin de l'entendre dire.

Interdire, c'est opposer un obstacle à un enfant pour lui permettre de progresser

Ce n'est pas le désir que l'on peut interdire, mais seulement l'acte. Rien n'empêche de parler du désir, d'en plaisanter, d'en tirer des plaisirs imaginaires : ce sera une façon de faire apparaître la distinction entre l'imaginaire et la réalité de l'acte. On peut reconnaître verbalement que l'enfant a le désir de transgresser l'interdiction, ne pas le condamner pour autant, mais sans lui permettre de le faire.

Qui peut poser ces interdits ? Toute personne humaine, répond Françoise Dolto. C'est-à-dire le frère, le parent, l'éducateur, pour peu qu'il soit un modèle auquel l'enfant peut s'identifier pour devenir grand et développer son autonomie. Aussi le modèle le plus prégnant doit-il être du même sexe que celui de l'enfant : si, par exemple, une grande sœur éduque son frère, elle risque d'être prise comme modèle, également de l'identité sexuelle.

LA PRÉPARATION DU SENS MORAL

A cet âge se prépare le sens moral. On ne peut pas dire encore que les actions de l'enfant sont guidées par des valeurs. Mais il devient une personne autonome et volontaire susceptible de faire des choix, et il est confronté aux premiers interdits que les adultes lui posent.

Le sens moral véritable, c'est-à-dire l'intériorisation de normes, n'apparaîtra que plus tard, pendant la phase œdipienne. Pour l'heure, l'enfant ne fait qu'imiter les comportements des adultes sans les avoir intériorisés, et sans distinguer entre les comportements aberrants et ceux qui sont à retenir.

« Toute déformation du sens moral prend source dans l'éducation du petit âge », nous avertit Françoise Dolto. On trouve en effet une source du rigorisme moral dans une fausse notion du « bon » et du « mauvais », souvent associée au « beau » et au « laid », acquise lors du forçage précoce à la propreté : le caca est sale, mauvais, laid, pas beau ; le propre, l'hygiénique, voilà ce qui est bon ! C'est-à-dire que la valeur morale est réduite à n'être que ce qui est dénué de négatif.

> SADISME ANAL ?
>
> On lit souvent que le stade anal est l'âge du sadisme. Rien de tel pour Françoise Dolto. Si le plaisir de faire mal se manifeste souvent à ce stade, c'est que l'enfant imite alors les comportements coercitifs que son entourage lui inflige. Sans éducation perverse, il n'y a pas de sadisme natif chez l'enfant de cet âge, mais simplement une propension à agir ses désirs, sans tenir compte de l'autre.
> Le sadisme est plutôt de l'âge oral ; il apparaît avec la poussée des dents, lorsque l'enfant mordille le sein.

L'insistance porte donc sur le négatif au détriment du positif : l'adulte associe, et fait associer à l'enfant, l'anus et le méat urinaire avec le mal. On développe ainsi une fausse conception de la morale que l'on peut qualifier d'anale, reposant sur la répression de ce qui est « caca » (c'est-à-dire abject, repoussant, odieux, mauvais, laid, incorrect, de mauvais ton...) au détriment d'une vraie morale, qui cherche à promouvoir des valeurs positives.

LA PROPRETÉ

Pour les parents, un des critères de l'autonomie réside dans la propreté de l'enfant. C'est un thème sur lequel Françoise Dolto est revenue de nombreuses fois, toujours avec virulence. Si ses propos sont aujourd'hui acceptés, ils étaient encore révolutionnaires dans les années 50 – et n'ont peut-être pas perdu de leur actualité. En 1973, Françoise Dolto, toujours acerbe, ouvrait encore un article par les mots suivants : «Je voudrais essayer de comprendre le processus obscurantiste entretenu de mère en fille qui a conduit notre civilisation occidentale, depuis un siècle environ, à cette attitude perverse et pervertissante dans l'élevage des petits enfants, attitude dite éducatrice, à laquelle on a même donné la référence animale de "dressage"».

LA CIVILISATION DU CACA

L'importance accordée à la propreté, et par contrecoup au caca, ne semble pas dater d'avant 1914. Une première raison pourrait être d'ordre hygiénique : au temps où de nombreux bébés mouraient de colique, il pouvait paraître important de ne pas laisser l'enfant dans l'humidité et le froid de langes « souillés ».
Françoise Dolto n'hésite pas à avancer d'autres explications : la paresse des mères, au temps où ni les couches culottes ni la machine à laver n'existaient ; mais également (et surtout ?) leur fierté à manifester leur capacité à asseoir leur autorité sur leur bébé, qu'elles ne traitent alors pas mieux qu'une poupée.

Comme tous les mammifères, les petits humains acquièrent spontanément la propreté. Mais il faut attendre pour cela qu'ils aient acquis la maîtrise de leurs sphincters, laquelle n'est possible que lorsque le système nerveux est parvenu à maturité.

Le dressage à la propreté est nuisible

« Le dressage à la propreté est inutile sinon nuisible pour l'avenir. » Tel est le propos de Françoise Dolto. « C'est commode, dit-elle, mais ce n'est pas éducatif. » Pourquoi ? Parce que les parents ne pensent pas à aider l'enfant à réaliser ses propres désirs pour progresser. Parce que, en exigeant la propreté, ils soumettent le corps de l'enfant, et plus précisément une zone qui est pour lui source de plaisir, à leur volonté. Pour qualifier cette attitude, Françoise Dolto avance le terme de « perversion ». C'est justifié, dans le mesure où il s'agit de soumettre l'enfant au plaisir du parent, sans tenir compte du sien.

LE CACA CADEAU

Certains ouvrages de psychologie véhiculent la théorie selon laquelle le caca serait une offrande faite par l'enfant à sa maman, à qui on conseille de valoriser ce don. Françoise Dolto n'est pas de cet avis. Le caca ne peut être un cadeau, dit-elle, que dans le contexte du dressage à la propreté, où la mère exige son dû à heure fixe. C'est ce genre d'enfant qui apporte son pot bien rempli à l'étranger de passage, sommé lui aussi de s'extasier...

Il arrive, heureusement, que l'enfant ne soit pas pervertissable et résiste. Heureux les enfants malpropres qui trouvent en eux-mêmes la force de ne pas satisfaire leur parents, quoi qu'il leur en coûte !

Si l'enfant devient propre avant terme, son sens de la créativité s'en trouve entamé : en effet, il a appris qu'obéir passivement est le propre d'une bonne relation humaine. Il risque d'en faire le modèle de toutes ses relations et, de ce fait, d'être retardé dans l'acquisition de son autonomie. Nous connaissons tous de ces charmants enfants très sages, très polis, très « propres sur eux », mais incapables d'oser prendre une initiative.

Très souvent, il aura également appris que la zone uro-anale est « caca » : il reportera ce sentiment de saleté sur les activités génitales qui se déroulent, par le simple fait de notre anatomie, dans cette région. Soit il sera obligé de devenir pervers pour ne pas renoncer à son plaisir, soit il s'en trouvera inhibé.

UNE PROPRETÉ EXEMPLAIRE

Dans *Au jeu du désir*, Françoise Dolto cite le cas d'un garçon qui fut complètement propre dès l'âge de sept jours : une preuve qu'un enfant est parfois prêt à tout pour satisfaire sa mère, quitte à se sacrifier.
A dix-huit mois, il se comportait comme un parfait petit voyeur, relevant les jupes des dames et palpant les pantalons des messieurs. A huit ans, il était devenu un petit schizophrène parfaitement muet.

Rechercher une propreté précoce, c'est également, par la force des choses, donner beaucoup d'importance aux excréments. L'attention forcenée des parents vis-à-vis de cette production la valorise nécessairement et conduit l'enfant à jouer de la rétention pour plaire ou déplaire à l'adulte (lequel en a gardé trace dans son langage, quand il « emmerde » son prochain). L'enfant risque de développer un mode de relation où son plaisir consistera à ne pas donner à l'autre ce qu'il attend : jeu d'avarice affective qui peut se décliner à tous les niveaux. Cette valorisation des excréments par les parents pousse l'enfant à leur porter lui-même une attention exagérée et à en faire un jouet d'élection. Sans cela, il n'y porte pas d'intérêt persistant, ne passe pas son temps à le manipuler ni à en faire des pâtés ou des gâteaux !

L'enfant peut se soumettre à l'exigence de la mère, parfois très tôt. Pour conserver une relation agréable avec elle, rechercher un amour qu'elle ne manifeste pourtant pas en exigeant de lui une telle chose, il peut arriver à uriner et déféquer à heures fixes, comportement qui n'est pas sans conséquence. Françoise Dolto tire clairement la sonnette d'alarme : « A ce moment du stade anal peuvent naître des névroses obsessionnelles si l'adulte, au lieu de guider l'adresse manuelle et gestuelle de l'enfant – ou son adresse à parler et à chanter –, impose un rythme artificiel à la défécation et à la miction. »

Ce n'est que lorsque l'enfant aura acquis une habileté motrice, signe que son système nerveux est arrivé à maturité, que l'on peut attendre de l'enfant qu'il devienne propre. Généralement, cela advient naturellement, l'enfant ayant spontanément le désir de grandir et donc d'aller aux cabinets comme les grands. Il suffira d'y avoir laissé un pot à sa disposition.

La propreté vient chez les filles à partir de vingt mois environ, et chez les garçons à partir de vingt-cinq mois. Cette différence est due au fait que, chez les garçons, l'appareil génital et l'appareil excrémentiel sont liés. Pendant longtemps, le garçon confond érection et miction. Ce n'est en effet que tardivement (vers trente mois) que le petit garçon ne peut plus uriner en érection. C'est également pour cette même raison qu'un garçon différencie plus difficilement qu'une fille les sensations anale et urétrale : inutile donc d'attendre du garçon ce qu'a su réaliser sa grande sœur au même âge...

Enfin, il arrive que les parents sèment eux-mêmes la confusion en utilisant un langage indifférencié, par exemple en nommant globalement « les fesses » ce qui est devant comme ce qui est derrière.

L'APPRENTISSAGE DE L'AUTONOMIE

Apporter la sécurité pour que l'enfant devienne autonome

Nous l'avons vu, ce que Françoise Dolto appelle la « castration anale », lorsqu'elle est bien donnée, porte sur autre chose que la maîtrise des sphincters, mais plutôt sur ce que l'on pourrait appeler les débordements musculaires. En devenant capable de se déplacer, de manipuler les objets, le jeune enfant conquiert le monde, on pourrait dire la maîtrise du monde. Le jeune enfant est un conquérant, et sa volonté est d'abord sans limite, tant vis-à-vis des autres que de lui-même. N'ayant pas encore le sens d'autrui (n'oublions pas qu'il commence juste à se découvrir comme individu), toute personne qui se met en travers de son chemin est à abattre : à cet âge, tuer n'est en fait qu'éliminer ce qui dérange, et non porter atteinte à autrui[3]. Par ailleurs, son ignorance du monde l'entraîne facilement à mettre en danger son intégrité.

On l'a vu, les interdits apportés par les adultes de son entourage visent à lui interdire de nuire à autrui, mais également à lui-même.

Le travail éducatif des parents va être d'indiquer à l'enfant les limites nécessaires et de lui apporter la sécurité pour qu'il élargisse progressivement son champ d'autonomie. Cet élément de sécurité est essentiel lorsque l'enfant rencontre un échec. La première sécurité est l'interdit lui-même, expliqué pour des raisons de prudence, et sans en faire un absolu : « Plus tard, tu pourras, mais aujourd'hui tu ne peux pas encore y arriver, parce que... » Chaque fois que l'enfant rate une expérience, il en ressort humilié. Il est donc important de le rassurer en lui disant qu'il réussira une autre fois, et en lui expliquant techniquement la cause de l'échec. Le faire régresser en l'enfermant dans ses bras comme lorsqu'il était bébé ne lui apportera aucune sécurité : il se trouvera toujours aussi démuni lorsqu'il tentera de nouveau la même expérience. Encore une fois, le rapport langagier est essentiel. Il permet à l'enfant de comprendre que la magie n'a pas de part dans ce qui arrive (ce qu'il est d'abord enclin à croire), mais qu'il y a à son échec des raisons bien réelles, qui peuvent être comprises.

3. Certains adultes en sont restés là.

PAPA, LÀ !

Quand il est tout petit, l'enfant vit encore dans un monde magique, dans lequel les interdictions prennent une dimension fantastique. Dans *L'Image inconsciente du corps*, Françoise Dolto raconte que, bravant l'interdiction de son père, un enfant de neuf mois introduit ses doigts dans une prise électrique. Plusieurs jours après, se souvenant encore de sa désagréable expérience, il désigne la prise électrique à ses grands-parents en leur disant : « Papa, là ! »

Lorsqu'il est en échec, dire à l'enfant : « C'est bien fait, je t'avais dit de ne pas le faire », ou : « Tu es puni », ou : « Ça t'apprendra », ou encore : « Fiche-moi la paix », laisse l'enfant seul face à un monde perçu comme dangereux, avec lequel l'adulte se déclare complice.

De même, manifester de l'angoisse au moindre des gestes de l'enfant est la meilleure façon de l'empêcher de faire ses expériences dans le climat de sécurité que l'adulte devrait lui apporter.

Chaque échec est pour l'enfant une humiliation vis-à-vis des adultes, ces géants qui réussissent tout sans difficulté. Se moquer de lui, c'est le rejeter dans l'impuissance et lui signifier que jamais il ne fera partie des adultes.

L'autonomie se prépare dès les premiers mois

L'autonomie de l'enfant se réalise d'autant plus vite que le soutien de l'adulte s'est manifesté tôt, lors des échanges entre la mère et le nourrisson, pendant ce que les psychanalystes appellent la « phase orale ». Les premiers jeux sont des jeux de prendre et de lancer. Ils apparaissent pour combler l'absence de la mère, vers cinq mois. La main, dit Françoise Dolto, prend inconsciemment le relais de la bouche pour prendre et de l'anus pour rejeter. Ainsi, prendre le sein de la mère avec la bouche et rejeter la mère intérieure par l'anus est en quelque sorte transféré dans les jeux de la main qui prend et qui jette. L'enfant symbolise l'arrivée et le départ de la mère, mais, au lieu de subir ces allées et venues, c'est lui qui est actif. On connaît ces jeux qui consistent à lancer le même jouet hors du berceau ou du landau. C'est ainsi qu'il faut le comprendre, et qu'il faut s'y prêter.

Ces jeux sont les premiers d'une longue série, généralement accompagnés de vocalises puis des premiers mots : jeux de déplacement, de construction et démontage, jeux de balle, jeux d'équilibre, d'habileté corporelle où l'enfant exprime son indépendance dans l'espace et vis-à-vis des adultes qui l'ont jusqu'alors tenu et maintenu. Petit à petit, l'enfant apprend à maîtriser ses mouvements et à dominer le monde qui l'entoure, comme le font les adultes, ses modèles.

Plaisir, créativité, prise de risque

Plaisir, créativité, prise de risque : tels sont les expériences et les comportements qu'il faut encourager chez le jeune enfant. Il suffit de ne pas les entraver pour qu'ils s'expriment. Cela commence avec la liberté dans l'alimentation et l'excrétion, pendant la phase orale. Cela continue avec l'espace qui lui est proposé (pourquoi ne pas mettre au grenier pour quelque temps la potiche chinoise et le vase en cristal ?). Françoise Dolto va jusqu'à dire : plutôt que de les empêcher de monter sur les meubles, attachez-les (les meubles !). De même, elle préconise de laisser l'enfant choisir ses vêtements le matin et s'habiller seul. Empêcher un enfant de faire ses expériences, c'est mutiler sa créativité pour la vie, l'empêcher de progresser.

L'enfant a besoin de dire « non » pour faire « oui »

C'est au cours de la deuxième année que survient la phase dite d'opposition : le moment où l'enfant se pose en s'opposant. Il dit « non » à tout bout de champ. Françoise Dolto remarque qu'à cet âge, l'enfant ne sait pas encore dire « je » et parle de lui à la troisième personne, souvent en se désignant par son prénom. Les premiers « non », dit-elle, sont à comprendre comme une imitation de l'adulte, qui lui répond si souvent non... Ainsi, dire « non » serait d'abord pour l'enfant une attitude positive d'imitation des grands.

Il serait maladroit de prendre l'enfant au mot et de croire que l'enfant pense « non » parce qu'il dit « non ». Une fois qu'il a *dit* « non », explique Françoise Dolto, alors il peut *faire* « oui », c'est-à-dire *faire* le contraire de ce qu'il a *dit.* Il a ainsi le sentiment d'agir de son propre chef, et non d'exécuter un ordre.

Si l'adulte prend l'enfant au mot et cristallise le conflit en cherchant à le forcer à faire ce qu'il dit refuser, l'enfant va s'enferrer malgré lui dans une attitude négative d'opposition, qui le rendra malheureux.

Le mieux, dit Françoise Dolto, est de ne pas relever le « non », de ne pas l'entendre. Il lui arrivait aussi de dire aux enfants : « Ta bouche dit non, mais ta main fait oui. »

Si les adultes ne verrouillent pas l'enfant dans l'opposition, celle-ci dure très peu de temps, quelques semaines seulement. L'enfant en sort affermi dans le sentiment de son individualité ; c'est souvent le moment où il se met à parler à la première personne, à dire « je »... et à prendre plaisir à dire « oui ».

Dès lors, l'enfant cherche à imiter les adultes en tous points et acquiert tous les gestes qui lui permettront de se débrouiller seul, vers quatre ans environ.

Une conquête : manger seul à table

Une des grandes conquêtes de l'enfant est de manger seul, à la table des adultes. Mais cela ne vient pas d'un seul coup. Pendant longtemps, il commence à manger avec la cuiller, pour terminer avec ses doigts. De même, il se lève de table : les efforts que lui demandent ces actions nouvelles, et qui requièrent tant d'adresse, de concentration, il ne peut les soutenir que pendant un temps limité. Il faut savoir tolérer ces temps de fatigue et laisser l'enfant acquérir ces nouveaux comportements à son rythme. Si, en revanche, on l'oblige à se tenir à table comme il se doit, ce qui était le plaisir d'une découverte devient une contrainte contre laquelle il va résister : souvent, il n'aura pas faim, ou bien il renoncera à manger tout seul et retournera à une attitude passive en se laissant nourrir. Manger salement, c'est la condition nécessaire pour manger proprement. Encore une fois, il faut laisser à l'enfant la possibilité d'y parvenir à son rythme, sans douter une seule fois qu'il désire faire comme les adultes, en lui laissant le temps nécessaire pour y parvenir.

« Laisser l'enfant faire ses progrès aux rythmes qui sont les siens est une des clés de l'élevage des enfants », conclut Françoise Dolto.

LES RATÉS DE LA CASTRATION ANALE

La coercition est la mère des conflits

Des interdits posés de façon coercitive, et non dans le but d'aider l'enfant à progresser, conduisent à des conflits quotidiens – conflits auxquels ni les parents ni les enfants ne peuvent échapper, ne serait-ce que momentanément (aucun parent n'est parfait !). L'enfant crée des conflits, s'oppose, n'a pas faim... Il a suffisamment d'ingéniosité pour trouver chaque jour un motif d'entrer en conflit avec les adultes.

Le conflit doit intervenir comme une « sonnette d'alarme ». On doit alors se demander à quelle occasion l'enfant a ressenti une frustration ou une humiliation, et chercher comment la réparer.

Les parents possessifs et protecteurs

Les ratés les plus courants de la castration anale sont liés à la possessivité des parents qui, sous prétexte de protéger leur enfant, le parquent à la maison, le portent à bras, lui évitent tous les dangers et toutes les fatigues ; l'enfant n'a pas la possibilité d'explorer l'espace à son rythme. Au lieu de faire l'expérience de la réalité, il se confine dans les rêveries que lui procure le seul sens restant en éveil, la vue, tandis qu'il est porté des bras à la voiture, et du siège au lit. Il est certain que, laissé seul un instant, faible de son inexpérience, il risquera des accidents, lesquels conforteront les parents dans leurs craintes premières et les conduiront davantage à tout faire à sa place, et donc à conserver leur importance vis-à-vis de l'enfant, prisonnier du prétendu amour de ses parents.

De ces enfants, Françoise Dolto dit que, ne pouvant expérimenter leur schéma corporel dans la réalité, ils continuent à se croire dotés d'une toute-puissance imaginaire, celle qui était associée à leur image du corps de nourrisson [4].

Le manque d'explication

Un autre raté de la castration anale tient au fait que l'on n'explique rien aux enfants surprotégés. Toutes les explications apportées par les parents à l'occasion d'un échec, tous les conseils « techniques » pour accomplir tel ou tel geste sont des supports importants pour l'enfant. Il les mémorise bien plus que l'on ne le croit, ils lui servent de guide, comme une voix intérieure pourrait-on dire, lorsqu'il se lance seul dans l'essai d'un geste ou d'un mouvement qu'il ne maîtrise pas encore bien.

L'absence de cette voix intérieure qui a été tissée au jour le jour, minute par minute, c'est un espace de sécurité qui manque à l'enfant pour oser s'aventurer dans le monde.

Les paroles alarmistes n'aident pas l'enfant, non seulement parce qu'elles éveillent en lui de l'angoisse,

4. Voir chapitre 5.

LES ENFANTS INSTABLES

Il arrive souvent que l'on conduise chez le psychanalyste des enfants dont le langage est resté sommaire et qui ne restent pas en place, au point de perturber leur entourage.

Ce sont des enfants avec qui leur mère n'a pas su, ou pas pu, communiquer avec des mots et en est restée à un rapport de soins corporels, survalorisant ainsi les plaisirs pris aux moments du nourrissage et de la toilette. Leurs mouvements n'ont pas été arrimés à des mots et se dépensent en pure absurdité apparente.

Ils ne savent pas traduire leur désir de communiquer autrement que par cette jouissance musculaire, que Françoise Dolto interprète comme si leur corps était tout entier un tube digestif en mouvement, de la bouche à l'anus.

Pour autant, ces enfants ne sont pas arriérés, comme on pourrait le croire. Il suffit de leur donner l'occasion de « passer au langage » pour qu'ils progressent rapidement.

mais plus encore parce qu'elles brisent la confiance entre l'enfant et l'adulte. Si on a répété à l'enfant qu'il ne pourrait pas descendre l'escalier sans se casser une jambe, et que cependant il parvient en bas sans mal, comment croirait-il encore les propos des adultes ? Il ne bénéficie alors plus de la sécurité apportée par les paroles des parents, et se trouve en danger.

6

LA DÉCOUVERTE DE LA DIFFÉRENCE DES SEXES

L'enfant a découvert sa propre image dans le miroir : une image-chose qu'il sait désormais être « lui-même » aux yeux des autres comme aux siens.

Il regarde désormais les autres enfants avec un nouveau savoir : ils sont faits comme lui-même. Leur dos, surtout, l'intéresse, car c'est l'endroit de lui-même qu'il ne peut voir : en haut, des cheveux sans visage, en bas, des fesses séparées par une raie. Cette observation s'étend progressivement au devant, jusqu'à ce qu'il remarque, vers deux ans et demi, ce qu'il voyait jusque là sans s'en rendre compte : les enfants ne sont pas tous pareils. Certains ont comme de petites fesses, d'autres une chose qui pend. Il retourne alors devant le miroir et s'examine avec ce nouveau regard : qu'en est-il de lui ?

LA CASTRATION PRIMAIRE

Cette découverte de la différence des sexes, c'est ce que Françoise Dolto appelle la « castration primaire ».

L'homme est infirme par rapport à la femme, et la femme est infirme par rapport à l'homme : « Il y a toujours un manque chez les deux. » (F.D.)

Comme toutes les castrations décrites dans les chapitres précédents, elle est une épreuve lors de laquelle l'enfant doit renoncer à quelque chose pour conquérir une nouvelle façon d'être.

En naissant, l'enfant a renoncé à faire partie d'un grand tout pour acquérir un début d'individualité. En quittant le sein, sa bouche s'est trouvée libérée pour parler. Il s'est ensuite séparé de sa mère pour conquérir le monde.

Désormais, il ne sera plus que ceci ou cela, homme ou femme en devenir. « La castration primaire, écrit Françoise Dolto [1], c'est la découverte par l'enfant de son sexe et de ce qu'il n'appartient qu'à ce sexe et de ce que ça signifie pour son avenir. » Castration primaire qui sera suivie, dans la terminologie de Françoise Dolto, d'une castration secondaire survenant au moment du complexe d'Œdipe.

A quoi l'enfant doit-il renoncer lorsqu'il se découvre fille ou garçon ? Jusqu'alors, il savait s'il était l'un ou l'autre – on le lui a assez dit. Mais cela n'avait qu'un sens vague, essentiellement lié à des comportements, des attitudes : le garçon ne pleure pas, il est naturellement turbulent et casse-cou ; la fille est coquette, elle est réfléchie... Le fait nouveau est que cette différence va désormais reposer sur une réalité corporelle. Et cette différence va structurer toute la vision du monde – comme le *yin* et le *yang* dans la pensée chinoise.

1. In *L'Image inconsciente du corps*, p. 184.

L'expérience de l'un et de l'autre, par définition, n'est pas la même. Commençons par celle qui paraît la plus simple, celle du garçon. Assis sur les genoux de son père ou de sa mère, il a déjà pressenti une différence. Pourquoi ?

Pour le garçon, le plus difficile est de découvrir qu'il ne portera pas d'enfant

Puis vient le choc. La première fois qu'il remarque la conformation du sexe d'une petite fille, le petit garçon n'en croit pas ses yeux. Il suppose que son pénis (car elle doit forcément en avoir un, comme lui) va bientôt grandir. Mais, s'il regarde bien et accepte ce qu'il voit, il s'angoisse : on aura mutilé cette petite fille, et il pourrait bien lui arriver la même chose !

LA SUPÉRIORITÉ MASCULINE

Selon Françoise Dolto, si notre culture insiste sur la supériorité masculine, c'est pour compenser le sentiment d'infériorité masculin, beaucoup plus fort que le sentiment d'infériorité féminin.
« Si l'on observe bien, dit-elle, on s'aperçoit que le seul sexe sûr d'être l'auteur de sa descendance est le sexe féminin », tout simplement parce que la femme est enceinte et qu'elle accouche de son enfant. L'homme n'accède à la paternité que lorsque la mère le désigne comme étant le géniteur. Ainsi, le père réel de l'enfant peut être différent du géniteur, pour autant que la mère le décide. C'est pourquoi (et même dans les sociétés matriarcales), afin de rééquilibrer les pouvoirs féminin et masculin, les lois ont longtemps donné l'autorité à l'homme.

Pendant un temps, encore, le garçon va croire que celle qui est au centre de son univers, la déesse toute-puissante qu'il adore, ne partage pas cette condition malheureuse. Puis il se rendra à l'évidence : sa mère est comme les petites filles, elle n'a pas de pénis.

Enfin, et c'est l'essentiel de l'épreuve que vit le garçon, il comprend qu'il ne portera jamais d'enfant. A cette époque, il n'a pas d'autre modèle que sa mère. Il découvre qu'il ne sera jamais comme elle, qu'il n'aura jamais d'enfant[2]. Il ne pourra devenir qu'un homme. Pour Françoise Dolto, cette expérience est décisive et marquera à jamais ses relations avec les femmes.

Par ailleurs, le choc qu'il a eu en découvrant que les petites filles « n'en ont pas » éveille chez lui des angoisses de castration : si on le leur a enlevé, va-t-on le lui couper ? Dans l'imaginaire enfantin, c'est plausible – et d'autant plus inquiétant qu'il estime que les filles ne sont pas « belles », puisque c'est lui qui est « beau » ; même si la valorisation culturelle du masculin ne le lui enseignait pas, les filles elles-mêmes sont là pour le lui confirmer, quand elles cherchent à s'approprier cette chose en l'attrapant, en la revendiquant.

La fille est fière de devenir comme sa mère

Pour la fille, la découverte de l'anatomie masculine est également un choc. Même si la déconvenue ne dure pas et est vite oubliée, elle est associée à cette découverte : la fille n'a rien, ni pénis, ni même seins. Sa première

2. Il ne connaît pas encore le rôle de l'homme dans la procréation.

réaction est de chercher à prendre au garçon, *manu militari* pourrait-on dire, ce qu'elle croit qu'il lui a dérobé !

Quand les choses se passent bien, l'envie du pénis laisse place à la fierté d'être une fille. Elle se décrit, dit Françoise Dolto, comme ayant « un bouton avec un trou ». La fierté d'être une fille apparaît avec la certitude que des seins lui pousseront, comme sa mère, lorsqu'elle sera grande, et que c'est elle qui portera des enfants dans son corps. Et puis, si elle n'a pas de pénis, ses explorations lui ont montré que son « bouton » lui procure du plaisir.

Ainsi, garçon et fille sortent de cette épreuve fiers chacun de leur sexe, et prêts à désirer se marier avec leur père ou leur mère...

LA PAROLE VRAIE

Le dénouement heureux de cette épreuve de la découverte de la différence des sexes ne se fait que si les parents sont là pour mettre des noms sur les choses. Plus que jamais, la parole vraie des parents et de l'entourage est essentielle pour aider l'enfant à se construire.

Il est difficile pour les parents de parler de leur plaisir

Il s'agit déjà d'aider l'enfant à traiter ses fantasmes de castration. Il est souvent nécessaire d'expliquer que si la petite fille ou la mère n'ont pas de pénis, ce n'est pas qu'on le leur a pris ; et que le garçon ne risque pas non plus de le voir disparaître.

Il est important de répondre aux interrogations que soulève la découverte des sexes. L'enfant est à l'âge du questionnement. Après avoir exploré le monde en déambulant et en maniant les objets, il veut savoir. Les « pourquoi » et les « comment » de l'enfant sont souvent vécus par les parents comme trop intimes, puisque les conduisant à parler des sexes et de l'acte sexuel. Ils ont le sentiment d'être amenés à parler de leur propre sexualité lorsque l'enfant leur demande : « Qu'est-ce qu'on fait avec ça ? Et vous, vous le faites ? Ça vous fait du bien comme à moi ? » Car l'enfant, comme l'adulte[3], a une vie sexuelle, au double sens d'affection et de plaisir, et il est susceptible de connaître des orgasmes.

Si l'adulte reproche à l'enfant de poser de telles questions, celui-ci va régresser au monde de l'analité, encore proche. Pour lui, le sexe va devenir « caca », et la sexualité honteuse. Si les parents refusent de parler de ces sujets, pense l'enfant, c'est qu'il y a quelque chose de trouble : peut-être n'osent-ils pas avouer ce qu'ils lui ont fait ; le silence laisse la voie ouverte aux imaginations les plus riches. C'est alors que les fantasmes de castration des filles et de castration possible des garçons refleurissent.

Comment on fait les bébés

Il est donc nécessaire pour l'adulte d'avoir une parole vraie. Immanquablement, la question de la différence entre hommes et femmes débouche sur la fameuse question : comment fait-on les bébés ? Les discours allusifs plus ou moins métaphoriques, et

3. Comme le vieillard, ce que l'on n'est pas toujours prêt à accepter.

plus ou moins heureux, abondent sur le sujet, depuis la fleur et le bourdon, le piston qui fait marcher la machine, le rut des animaux... Tous ces discours imagés manifestent la même défense : parler de façon détournée, c'est une façon pour l'adulte d'éviter de parler de son affectivité et de son plaisir. Mais ces discours, qu'ils soient « fleur bleue » ou « réalistes », laissent l'enfant imaginer le pire. Il concevra l'amour comme une mécanique, ou une querelle de chats, ou encore une fonction organique sur le modèle du « manger-pipi-caca », à défaut d'avoir une vision humaine de l'amour regardé comme relation entre un homme et une femme.

Il est donc nécessaire pour l'enfant d'apprendre le rôle exact du père et de la mère dans la fécondation, la rencontre qui les a rapprochés, le désir et le plaisir qui ont présidé à la conception de l'enfant.

Il est même nécessaire d'aller plus loin et de ne pas laisser croire à l'enfant que les parents n'ont fait l'amour qu'autant de fois qu'ils ont eu des enfants (moins de deux fois dans leur vie si l'on en croit la moyenne de la fécondité française). Parler vrai conduit à expliquer que faire l'amour n'est pas un acte technique (comme passer une commande) uniquement destiné à la procréation, mais qu'il s'agit d'un acte réalisé pour la joie de la rencontre et des corps.

Jusqu'à cette époque, le père n'avait existé que par la mère. Il avait fait partie d'un ensemble à deux têtes, dans lequel les rôles du père et de la mère étaient confondus. Pour l'enfant, il va maintenant acquérir une identité.

Le rôle du père dans la conception et vis-à-vis de la loi

La découverte du rôle du père dans la conception permet au garçon de renoncer à porter des enfants et de s'affirmer dans son sexe ; et à la fille de se décentrer de sa mère. Il est donc important que ce rôle soit explicitement dit.

Le rôle du père est également d'inscrire l'enfant dans la loi en le reconnaissant à l'état civil, en lui donnant son nom.

L'enfant se repère dans le temps social en apprenant sa filiation : il découvre un passé qui a précédé sa naissance. Même s'il est encore jeune, il comprend que son père et sa mère ont été engendrés par ses grands-parents. Et ce passé lui ouvre un avenir : lui aussi aura des enfants. Il découvre la place de ses oncles, tantes, cousins : c'est un nouvel espace qui se construit, un espace humain dans lequel il a sa place et sa valeur.

C'est la première fois que l'enfant découvre une loi qui dépasse ses parents, à laquelle les adultes comme les enfants sont également soumis. La loi de la vie, comme l'on dit parfois pompeusement ; on pourrait dire également : l'ordre des générations.

C'est à cette condition d'un « dire vrai », difficile à donner, que la fille et le garçon se situeront dans une sexualité humanisée (un mot que Françoise Dolto aime à employer), et que leur désir de savoir et de comprendre pour devenir grand ne sera pas entravé.

IL FAUT DIRE...

Révéler à un enfant sa filiation pose parfois des problèmes aux adultes, qui sont amenés à dévoiler un secret de famille jalousement gardé.
Le plus souvent, c'est la question du père qui se pose. Françoise Dolto est nette sur cette question : il faut dire à l'enfant son origine. Un garçon qui n'a pas de père le recherchera sans cesse, jusqu'à ce qu'il trouve une réponse. Celle-ci peut être dite par la mère, mais également par un proche, un grand-père, pourvu que les circonstances de l'union de ses géniteurs soient relatées avec respect. Il est même bon d'apporter toutes les précisions nécessaires : nom du père, raisons de la séparation de ses parents...
Même si la naissance a été dramatique, il faut le dire. Argument clé de Françoise Dolto : si l'enfant est là, c'est qu'il a eu, malgré les conditions difficiles traversées, le désir et la force de survivre.

LE RÔLE PROCRÉATEUR DU PÈRE

Jusqu'à cet âge, c'est la mère qui a le rôle phallique, pour parler comme les psychanalystes : c'est elle qui a été porteuse de la vie, c'est en elle que sont rassemblées toutes les images de puissance. Avec la découverte de la place du père dans la procréation, les rôles masculin et féminin se trouvent redistribués.

Pour le garçon, le pénis n'était encore qu'un objet que l'on pourrait qualifier de « contondant » : quelque chose avec quoi battre, frapper, pénétrer. C'est la révélation du rôle procréateur du père qui permet au garçon d'être valorisé dans son sexe. Il est donc essentiel que cela lui soit dit. Dès lors, il va pouvoir abandonner les modèles féminins auxquels il cherchait à ressembler, et entrer dans le masculin en s'identifiant à son père, en se mesurant à lui. « Se savoir fils de son père, dit Françoise Dolto, donne au garçon le droit de s'identifier désormais à des hommes. »

Pour la fille, la connaissance du rôle procréateur du père est également essentielle. Elle lui permet de se détacher de sa mère et de se tourner vers son père dans ses désirs sexuels. Elle donne également du prix à l'intérêt que le père lui porte, et s'en trouve valorisée dans sa féminité.

7

DEVENIR UNE FEMME, DEVENIR UN HOMME, OU LA RÉSOLUTION DU COMPLEXE D'ŒDIPE

Tout le monde a entendu parler du complexe d'Œdipe. Et tout le monde l'a oublié : qui se souvient de l'amour porté à sa mère ou son père – non pas l'amour chaste et filial par lequel l'enfant doit honorer ses parents ; mais l'amour, le vrai, la passion, « l'aimer d'amour » que l'enfant éprouve pendant des années avant de devoir y renoncer ?

L'Œdipe : une histoire oubliée

Cet amour-là plonge ses racines dans la fusion puis le corps à corps avec la mère, la relation au quotidien avec les parents, ces géants, ces dieux qui sont au centre de l'univers de l'enfant. Cet amour se transforme avec la découverte des sexes et de la conception. Il s'épanouit alors dans un vœu que l'enfant, fille ou garçon, exprime avec naturel, sans culpabilité : « Plus tard, je me marierai avec maman [ou avec papa]. » Il s'installe alors dans l'attente amoureuse, qui dure des années, de l'âge de trois ans jusqu'à six ans, huit ans, parfois jusqu'à la préadolescence (et même toute la vie, sur un registre inconscient).

Ceux que l'enfant a admirés avec dévotion et dévouement total ne peuvent pas lui manquer : ils l'aimeront un jour comme il les aime. Il n'en doute pas un instant et, comme toute personne amoureuse, est convaincu que ses désirs sont la réalité. Quand seront-ils exaucés ? Plus tard... L'enfant est prêt à attendre, toute la vie s'il le faut.

Il arrive pourtant que sa patience atteigne ses limites : il devient exigeant, ou bien il tombe en mal d'amour et devient triste, malade. Il développe aussi ses stratégies (« Maman est sortie, elle n'a pas dit à quelle heure elle rentrerait », dit la fille rouée à son père...), qui vont parfois jusqu'à détruire le couple des parents s'ils se jalousent à son propos (lorsque ceux-ci ont mal traversé leur propre Œdipe et revivent avec leurs enfants l'amour pour leur propre parent auquel ils n'ont pas su ou pas pu renoncer).

Telle est ce que les psychanalystes nomment « l'entrée dans le complexe d'Œdipe » : l'énamoration et l'attente.

On ne saisit pas toujours l'importance de ce que vit l'enfant. Tout simplement parce qu'on ne le supporterait pas : ressentir ce qu'éprouve l'enfant, nous ne pourrions le faire qu'à partir de notre propre expérience oubliée. Mais nous ne souhaitons pas revenir là-dessus ! Il nous faudrait comprendre que notre enfant nous aime comme nous-mêmes avons aimé (ou aimons encore) notre père ou notre mère ; et c'est ce que justement, depuis longtemps, nous ne voulons plus savoir, ce que nous avons refoulé.

On ne saisit pas plus la révolution intérieure que représente le fait de renoncer à cet amour. Tout ce qu'a fait l'enfant jusqu'alors, c'était dans le but de réaliser cet amour incestueux avec l'un de ses parents. C'est ce qui l'a soutenu dans la réalisation de tous ses progrès, dit Françoise Dolto.

LA CASTRATION ŒDIPIENNE

L'épreuve de la castration œdipienne comporte, comme toujours pour Françoise Dolto, un renoncement et un développement : en renonçant à son espoir d'avoir un enfant avec son parent, l'enfant sort du cercle restreint de la famille et s'ouvre au monde sous tous ses aspects. Sans cette castration œdipienne, tous les intérêts de l'enfant resteraient fixés au niveau affectif et sexuel sans se développer aux niveaux du savoir et des relations sociales. Il resterait le serviteur de son dieu domestique.

Les enjeux qu'il y a pour lui à bien faire le deuil de ce premier amour sont essentiels : « sortir de l'Œdipe », comme disent les psychanalystes, permet à l'enfant de devenir un humain à part entière.

En acceptant de se soumettre à la loi de l'interdit de l'inceste, c'est-à-dire en sachant clairement que les relations sexuelles avec ses parents et frères et sœurs ne se réaliseront jamais, l'enfant apprend à maîtriser ses désirs. Il fera désormais la différence entre ce qu'il pense, imagine, désire, et ce qu'il agit. Il se ressentira comme responsable de ses actes.

Le garçon, en renonçant à se mettre *à la place* de son père, et la fille *à la place* de sa mère, vont pouvoir devenir *comme* eux. Ils vont s'identifier à eux, c'est-à-dire à des parents qui eux aussi sont soumis à la loi de l'interdiction de l'inceste. C'est alors qu'apparaît le sens moral. Jusqu'alors l'enfant imitait le parent dans ses gestes, ses pensées, il voulait paraître comme lui. Désormais, il va s'identifier à lui et partager la même loi, à laquelle ils sont tous les deux soumis, comme les autres hommes : il va devenir pleinement humain.

Comment énoncer l'interdit de l'inceste

Il est donc essentiel que les parents puissent énoncer l'interdiction de l'inceste. Trop souvent, dit Françoise Dolto, on pense que cela va de soi et l'on ne prend pas la peine de dire clairement, en mots, cet interdit. Il est pourtant fondamental que l'enfant mette des mots sur la chose ; sinon, comment saura-t-il que c'est interdit ?

Comment s'énonce cette loi de l'interdit de l'inceste ? C'est le père qui doit verbaliser la loi en disant au garçon – selon les termes même de Françoise Dolto : « Je t'interdis ta mère, parce qu'elle est ma femme et qu'elle t'a mis au monde. Les deux sont importants. Tes sœurs te sont aussi interdites sexuellement que ta mère. » L'équivalent doit être dit à la fille. Bien sûr, la mère soutient clairement ce dire, sinon la situation devient perverse. Si, par exemple, le père énonce cette loi et que la mère reste trop caressante avec son garçon, elle lui donne à entendre que cette loi pourrait bien souffrir une exception...

Quels sont les points clés de cet énoncé de l'interdit ?

Le parent désiré est interdit parce qu'il est marié avec l'autre parent. Voilà l'essentiel de l'interdit de l'inceste.

LE RAPPORT ADULTE/ENFANT

L'interdiction des rapports sexuels entre adultes et enfants est une extension de l'interdit de l'inceste. Il est également important de l'énoncer clairement, de dire que c'est interdit par la loi.
Si l'enfant subit les avances d'un adulte (et rappelons-nous que, pour l'enfant, les adultes procèdent tous des géants tutélaires et bénéfiques qu'ont été ses parents dans son jeune âge, et qu'il lui est difficile de s'y opposer), il ne saura pas y résister parce qu'il ne saura pas que « c'est interdit ».

Les frères et sœurs doivent également être nommés clairement comme étant interdits. Un inceste entre frère et sœur n'est jamais qu'une façon déguisée de transposer la relation enfant/parent.

Pour le garçon, la mère est interdite aussi parce qu'il est né d'elle. Un lien incestueux mère-fils, c'est, dit Françoise Dolto, « comme un fleuve qui remonterait à sa source ».

Enfin, point essentiel, cet interdit n'est pas donné parce que « le roi dit "nous voulons" » : ce n'est pas pour imposer sa volonté et son désir que le parent pose cette loi, même s'il doit être ferme et ne pas transiger, mais parce qu'il est également soumis à cette loi, qu'il ne fait que représenter. Cela s'explique le plus simplement du monde : « Moi non plus, peut dire le parent, je ne me suis pas marié avec ma mère [ou mon père] ou mes sœurs [ou mes frères]. Quand tu seras grand, tu trouveras un mari ou une femme [ou un compagnon ou une compagne] en dehors de notre famille, comme j'ai fait, comme tout le monde fait. »

Poser ainsi les choses, c'est ouvrir l'enfant à une loi à laquelle tous les humains sont soumis. C'est également l'inviter à sortir de sa famille, à découvrir le monde pour y trouver une relation d'amour.

Pourquoi il est difficile de poser l'interdit

Mais il est difficile de poser cet interdit. Pour le prononcer à l'enfant, encore faut-il être soi-même au clair avec cette loi : encore faut-il être soi-même bien « sorti de l'Œdipe », c'est-à-dire avoir renoncé à l'amour avec son père ou sa mère. Chacun s'en est « sorti » plus ou moins bien, sans être totalement responsable de cette demi-réussite. Les parents y ont joué leur rôle, parce que leurs propres parents... Dans cette causalité en cascade, il n'y a pas de fautif. Pour situer clairement la responsabilité des parents dans les névroses de leurs enfants, Françoise Dolto cite à ce propos un dicton tiré d'Ezéchiel : « Les parents ont mangé les raisins, et les enfants en eurent les dents agacées. » Ceci est vrai pour toutes les générations. Mais ce n'est pas un destin inéluctable : des événements de la vie, l'intervention volontaire ou non d'une personne, une réaction personnelle (ou une psychothérapie, une psychanalyse) peuvent briser la chaîne.

Il arrive aussi que des parents ne posent pas clairement cet interdit parce qu'ils ne supporteraient pas de ne plus être le centre du monde pour leur enfant. Ceux-là souhaitent, sans le savoir, que la vocation de leurs enfants soit de les satisfaire. Comme une « bonne mère », ils diront à l'enfant : « Pense au mal que tu nous fais » ou : « Je ne vis que pour toi »... Ils le culpabiliseront plutôt que de le « castrer » en énonçant l'interdit de l'inceste. Ces parents, dit Françoise Dolto, ne supportent pas d'être eux-mêmes castrés, c'est-à-dire de renoncer à ce que leur enfant serve leurs propres désirs.

L'enfant est lui-même actif dans ce processus. Dans sa recherche incessante de séduire son parent, il a l'intuition de l'inconscient de son père, de sa mère. Il sait éveiller chez eux les points mal résolus. Ainsi se développent des cercles vicieux, où l'enfant arrive à créer une relation malheureuse. Il préfère souffrir plutôt que d'endurer le manque (c'est ainsi qu'il vit l'autonomie qu'il ne veut pas prendre). Afin de combler ce vide, il saura provoquer des fessées (qui sont malgré tout une marque d'intérêt) ou au contraire des conduites de gavage affectif uniquement dictées par la culpabilité chez le parent (qu'il saura susciter).

Certains parents n'avouent pas à leur enfant qu'ils ont dans la vie d'autres intérêts que lui. D'autres encore, et c'est peut-être plus inquiétant, n'ont dans la vie d'autre intérêt que leur enfant. Ceux-là non plus ne comprennent pas que la vocation de leur enfant n'est pas de les satisfaire avant tout. Il arrive, par exemple, que le mari ou la femme souffrant dans son couple reporte ses attentes sur l'enfant : ils sont mariés avec lui plutôt qu'avec leur conjoint. Autre cas fréquent, celui de la mère célibataire qui n'a pas de vie amoureuse satisfaisante. Pour tous ceux-là, il est important d'acquérir une autre pôle d'intérêt dans la vie que leur enfant.

D'autres parents croient encore représenter la loi en faisant montre d'autorité intempestive. En fait, ce n'est pas le désir de faire respecter des règles qui guide leur comportement, mais plutôt une manière qu'ils ont d'exprimer leurs attentes incessantes vis-à-vis de leur enfant. Pour eux aussi, l'enfant doit en tous points les satisfaire. En fait, derrière les apparences, ils sont dépendants de leur enfant : ils sont sans cesse en attente d'un comportement, d'un geste de leur enfant, ils ne vivent pas leur vie et n'acceptent pas que l'enfant vive la sienne.

L'ŒDIPE CHEZ LE GARÇON

Comment se passe cette phase lorsqu'elle est réussie, pour le garçon ?

L'« entrée dans l'Œdipe », comme disent les psychanalystes, advient vers l'âge de trois ans, après que le garçon s'est reconnu comme futur homme capable de concevoir un enfant. On lui a expliqué à quoi serviront plus tard ses érections. Il sait le rôle qu'il jouera dans la procréation.

Il connaît donc la différence des sexes. Mais, pendant quelque temps encore, l'élue des élues, sa mère toute-puissante, va échapper à l'humaine condition : dans ses fantasmes inconscients[2], il est impossible qu'elle ne soit pas dotée, comme lui, d'un pénis. Il devra pourtant finir par admettre qu'elle a été une petite fille comme les autres.

2. Comme souvent, cette croyance n'est pas toujours exprimée directement par l'enfant. L'interprétation de ses dires et de ses actes, en séance de psychothérapie ou ailleurs, permet de la retrouver chez la plupart des enfants.

L'entrée dans l'Œdipe

Au moment de cette découverte, il arrive souvent que le garçon refuse d'obéir à sa mère comme il l'avait fait jusqu'alors. Il devient opposant ; la mère ne peut plus rien en faire, ni aucune autre femme.

Si le père est présent et valorisé, il est devenu le modèle du garçon. A lui, il obéit sans difficulté. Ce sera donc au père de faire respecter par l'enfant les volontés de la mère, représentante en son absence de l'ordre qu'il donne.

Si le couple est fragile, l'enfant risque de devenir turbulent ou caractériel. Il faut d'abord que le père tienne sa place de père. Il faut ensuite que la mère supporte que son fils « lui échappe » et qu'elle ne se situe pas au même niveau que lui, qu'elle ne se constitue pas en victime persécutée par le « méchant garçon ». Il faut aussi qu'elle ait eu la possibilité d'accepter l'ordre édicté par son propre père lorsqu'elle était enfant, pour accepter de devenir la représentante d'un ordre édicté par son mari ou son compagnon, c'est-à-dire le père de l'enfant, sans avoir le sentiment d'être dévalorisée.

Le père sert de modèle

Le père va servir aussi de modèle amoureux pour le garçon. Au début, le garçon vit ses désirs sous une forme issue du stade anal (voir chapitre précédent). Il cherche à maîtriser, à prendre possession du corps de l'autre pour le « percuter », écrit Françoise Dolto. Le coït est une pénétration agressive qui se joue au niveau d'une pulsion que Françoise Dolto dit « partielle ». En langage adulte, on pourrait dire que, pour le garçon, le désir et la relation sexuelle sont « une affaire de cul » : il s'agit d'apporter une satisfaction à une partie du corps, satisfaction qui s'obtient en pénétrant le sexe de l'autre avec le pénis, sans prendre la totalité de la personne en considération.

Il arrive que la représentation du rapport amoureux en reste à ce stade. Chez les enfants, d'abord, qui décrivent la relation sexuelle comme une mécanique, par exemple le jeu d'un piston dans un cylindre, ou comme un rut animal. Mais aussi chez les adultes, lorsqu'ils font de la relation amoureuse une affaire seulement corporelle ou hygiénique.

LES « COUSEUSES DE BRAGUETTE[3] »

Le père, s'il est trop faible, peut entraver le développement viril de son garçon. La mère peut également le gêner, souvent parce qu'elle-même n'est pas « bien dans son sexe ».

Une mère « castre » son fils quand elle s'oppose à ce qu'il s'habille comme un garçon ou l'empêche de courir un risque, de manifester de la force... en bref quand il cherche à exprimer sa virilité. Elle éveille chez lui des angoisses de castration, soit par ses comportements interdicteurs, soit en exprimant sa crainte qu'il se fasse mal.

Pour tenter de plaire à sa mère, le garçon va tenter de renoncer à sa virilité en régressant à des stades précédents. On verra apparaître l'énurésie, la gloutonnerie, des troubles corporels divers.

3. L'expression est employée par Françoise Dolto.

Par sa manière de prendre sa femme en considération, de la respecter, le père sert de modèle pour le garçon. Celui-ci comprend que la relation amoureuse est une relation de personne à personne, qui implique une relation affective autant que sensuelle, et une responsabilité, un engagement vis-à-vis de l'autre.

A cette période, entre trois et six ans, le garçon n'a pas encore intégré l'interdit de l'inceste, même s'il a été clairement verbalisé. Il va lui falloir du temps pour parvenir à renoncer. Pour l'instant, il y a une trop grande différence de taille entre sa mère et lui, mais, pense-t-il souvent, le temps arrangera cela. Chaque jour il ne cesse de grandir... Aussi accepte-t-il d'attendre, car il est patient. Et dans l'attente, il cherche à faire plaisir à celle qui sera une jour sa femme. Quant au rival, il exprime clairement ce qu'il entend en faire : « Quand tu seras mort, papa, je me marierai avec maman... » L'avenir est plein de promesses...

Le garçon est alors mû par son désir de ressembler à son père. Dans tous ses jeux, il l'imite, essaie de faire comme lui, sinon mieux que lui, ce qui lui permet de développer son adresse manuelle et verbale. C'est le moment où il joue au docteur, au papa et à la maman. Tous ces jeux manifestent clairement un désir incestueux. Avec les petites filles, il joue à dénuder et à se dénuder. Ces jeux érotiques, dit Françoise Dolto, sont tout à fait normaux et ne comportent rien de répréhensible. S'il n'y a aucune raison de le culpabiliser pour cela, il n'y en a pas davantage d'y prêter une attention trop participative, ce qui serait pervers. Le préférable est de laisser le garçon « vivre sa vie », sans y regarder de plus près.

En attendant de devenir grand, le garçon joue à la guerre, ce qui lui permet d'occire de nombreuses figures paternelles, sans porter atteinte à son père, qu'il aime autant qu'il le hait. Il apprend ainsi à faire la différence entre le réel et l'imaginaire[4].

Si, par malheur, le père vient à mourir, c'est la confusion des genres : voilà que le réel vient rencontrer le fantasme. Cette « victoire » est un traumatisme : il se sent coupable d'avoir tué son père, comme si son désir avait eu un pouvoir magique. Le coup de grâce arrive si sa mère, ou quelqu'un d'autre, lui signifie ou lui dit : « Tu es responsable de la mort de ton père. » Il ne s'en relèvera jamais tout à fait.

Un conflit impossible

Ainsi se développe progressivement le conflit œdipien : le désir de donner un enfant à sa mère est de plus en plus clair et de plus en plus intense, et en même temps l'impossibilité de réaliser ce vœu est de plus en plus manifeste. Parce qu'il est encore trop petit, parce que sa mère lui signifie qu'elle l'aime en second et non en premier, et surtout parce que son père s'y oppose en énonçant l'interdit de l'inceste.

Le garçon commence par se confronter à ce rival à cause duquel il vit les affres de la jalousie. Toutes les raisons sont bonnes pour créer des conflits. A ce moment, le garçon a besoin d'un père d'une bonne stature, qui résiste aux attaques sans devenir agressif à son tour, et sans provoquer sa culpabilité. Si le père

4. Ce que ne sont pas capables de faire les adultes lorsqu'ils jouent « pour de vrai » à la guerre, tuant dans les « ennemis » une figure paternelle datant de cette période œdipienne.

est trop faible, l'enfant se sent coupable de ses attaques, les réfrène, et entrave par là sa virilité.

Même lorsque le père et la mère tiennent bien leur rôle, l'enfant éprouvera de la culpabilité et des craintes. Cela est constitutif de l'expérience œdipienne, quels que soient les désirs des parents de faire éviter à l'enfant toute souffrance.

PAS SI SIMPLE, LE COMPLEXE !

Pourquoi dit-on « complexe d'Œdipe » ? Par référence au mythe d'Œdipe ; mais pourquoi « complexe » ? Parce que cette période voit naître un nœud de conflits que l'enfant doit surmonter pour se développer.

Non seulement le garçon aime sa mère parce qu'elle est la reine de toujours dont il provient et l'élue de son cœur, mais aussi il la déteste. Elle l'a déçu puisqu'elle est dépourvue de pénis. Et parce qu'elle ne cède pas à ses avances sexuelles.

Vis-à-vis de son père, il n'éprouve pas que de la haine pour l'interdicteur. Il l'aime également ; c'est un modèle qu'il souhaite imiter, et il éprouve aussi pour lui une attirance sexuelle passive qui, sous une forme sublimée, sera le ciment des sociétés masculines (armée, communauté sportive, etc.).

Ainsi, le conflit avec le père pour avoir la mère se double (se triple) de deux autres conflits : il aime et n'aime pas à la fois, et son père et sa mère.

Quelle est l'origine de la crainte essentielle du garçon ? Sa propre agressivité, qui lui revient « en boomerang », pourrait-on dire. L'enfant voit son père à son aune : il lui prête la même agressivité que celle qu'il éprouve à son égard. Les psychanalystes disent qu'il « projette » ses propres sentiments : inconsciemment toujours, et parfois consciemment, l'enfant pense que son père le juge comme un rival, et qu'il veut l'éliminer – principalement par là où il désire pécher... Le petit garçon pense que si les filles n'ont pas de pénis, c'est sans doute qu'on le leur a coupé, et qu'il peut donc lui arriver la même mésaventure. Ces fantasmes se développent inconsciemment : plus le garçon souhaite donner un enfant à sa mère, plus il encourt le danger d'être castré par son père. Paraphrasant une phrase célèbre[5], on pourrait dire : et voilà comment le courage vient au garçon. Pour soutenir son désir de sa mère, il doit faire face à un danger imaginaire.

La sortie de l'Œdipe

Petit à petit, le garçon intègre le fait qu'il doit abandonner la lutte avec le père et se tourner vers d'autres femmes (ou futures femmes) que sa mère. Il finit par se rendre compte que la lutte est inutile, d'autant plus que la mère a déjà choisi le père (ne serait-ce que pour le concevoir).

Il arrive que le garçon entre alors dans une phase dépressive. Puisque sa mère lui est interdite, son sexe devient dérisoire, inutile. Il se dévalorise et dévalorise tout désir, parfois définitivement. Ainsi entre-t-il dans la « phase de latence » de sa sexualité, qui va durer jusqu'à la puberté.

5. « Et voilà comment l'esprit vient aux filles. »

L'ŒDIPE CHEZ LA FILLE

Comme pour le garçon, tout commence pour la fille par la découverte de la différence des sexes. Comme pour lui, cette découverte ne transforme pas tout du jour au lendemain. La petite fille commence par développer une relation hétérosexuelle avec son père, et une relation homosexuelle avec sa mère qui, elle n'en doute pas encore, est nantie de ce qu'elle n'a pas.

Ne pas en avoir La découverte de la différence des sexes est une déconvenue pour la fille : elle n'a pas ce « machin », valorisé parce qu'il est « en plus », et survalorisé par notre culture (pour autant que la culture familiale s'y accorde). La petite fille nie d'abord les faits : il lui faudra plus d'une fois vérifier son existence pour accepter cette réalité qui la blesse et la rend jalouse. Alors, elle veut prendre ce qui lui manque : elle l'agrippe, elle tire dessus ; « c'est à moi », dit-elle. Sur un mode moins agressif, elle a envie de voir, envie de jouer avec. Puis ce sentiment d'envie se mue en son contraire, sans doute plus facile à vivre : elle méprise ces garçons qui, dit Françoise Dolto, lui rappellent trop sa douleur, en leur trouvant mille motifs d'infériorité.

Dans ce premier temps, provisoire et bientôt refoulé, oublié à jamais[6], la fille se sent défavorisée et attribue à sa mère le mauvais traitement qu'elle a subi. Dans ses rêveries, elle pense que sa mère lui a

6. Et que les femmes adultes nieront avoir vécu dans leur enfance : qui a envie de raviver une expérience désagréable ?

enlevé un pénis dont elle devait être dotée au départ, comme tout le monde. Rappelons-nous qu'à ce moment, la fille croit que sa mère en a un (et cette croyance, comme toute croyance, ne peut être infirmée par les observations qu'elle peut faire : même si elle ne le voit pas, sa mère en a un !).

L'apprentissage de la séduction

A l'âge de trois ou quatre ans, l'enfant vit encore dans un univers magique, où l'imaginaire n'est pas encore « castré », pour utiliser la terminologie de Françoise Dolto ; c'est-à-dire qu'il n'a pas renoncé à la croyance selon laquelle l'imaginaire agit sur le réel ou, autrement formulé, que *dire* c'est *faire.* C'est à cet âge-là que la fille fait une expérience qu'elle n'oubliera pas. On le sait, elle aime se montrer, s'exhiber. Si l'entourage est positif, c'est qu'on l'admire comme elle-même admire les garçons parce qu'ils sont dotés d'un pénis. C'est pour elle *comme si* elle avait un pénis, croit-elle, dans une « logique illogique » qui est celle de l'inconscient. C'est ainsi que la fille commence l'apprentissage de la séduction. On pourrait dire qu'en séduisant, elle montre ce qu'elle n'a pas[7], en faisant de son corps entier un équivalent phallique.

Nous avons vu que le garçon vit dans l'angoisse qu'on le castre. C'est pour lui une menace permanente qui fera toujours peu ou prou partie intégrante de sa vie sexuelle. Si la fille connaît dans un premier temps la frustration et la jalousie, elle est libérée de ce

7. Et ce qui captivera l'homme, c'est, dans le moment imaginaire de la séduction où il s'agit de montrer en cachant, d'avoir le sentiment inconscient de trouver une femme qui est comme la maman du petit âge : une mère pourvue d'un pénis.

danger : pour elle, pourrait-on dire, c'est déjà fait ce n'est plus à faire ! Sa sexualité ne réveillera pas en elle la crainte de la castration ; elle pourrait donc la vivre de façon plus naturellement épanouie que l'homme.

De la mère au père

Mais la petite fille de trois à quatre ans, suite à sa découverte malheureuse, n'a pas encore renoncé à être privée de l'avantage masculin (c'est ainsi qu'elle le vit), d'autant moins qu'elle croit que sa mère en est pourvue. Pourquoi pas elle ? Elle se tourne donc vers sa mère, dans une relation que l'on peut qualifier d'homosexuelle puisqu'elle est génitale, car elle met le sexe en jeu.

Quand elle découvre que sa mère n'a pas de pénis, la petite fille a le sentiment que son infériorité est sans espoir. Elle doit alors réaliser un double renoncement : elle ne sera jamais dotée d'un pénis, et elle doit se détourner sexuellement de sa mère qui ne pourra jamais lui en donner un.

L'épreuve est très profonde ; elle demande un remaniement que le garçon ne connaît pas. Celle qu'elle a aimée depuis sa naissance, celle qui a été au centre de son monde, ne sera plus à cette place (alors que, pour le garçon, les femmes qu'il aimera succéderont à sa mère : le changement d'objet amoureux ne demandera pas la même révolution). Cette métamorphose n'est d'ailleurs pas toujours totalement réussie : beaucoup de femmes conservent un lien de type homosexuel[8] avec leur mère et les femmes qui lui succéderont dans son affection.

8. Le plus souvent transposé dans des activités, des intérêts, des goûts communs.

Si cette phase de déconvenue est profonde, la fille la dépasse pourtant facilement. Il faut, dit Françoise Dolto, lui décrire son avenir de femme : elle n'a pas de pénis, mais elle ne restera pas comme elle se vit pour l'instant : démunie de tout, sans les seins de maman ni le pénis de papa. Lorsque la petite fille acquiert la certitude que des seins lui pousseront quand elle sera grande, et qu'elle portera des enfants dans son ventre, elle devient heureuse d'être une future femme et se sent fière de son sexe. Encore une fois, on saisit l'importance de ce que les parents disent à l'enfant pour le soutenir dans le passage des diverses épreuves de l'enfance.

Les hommes ont le phallus, les femmes ont les enfants

Dès lors, les choses sont claires pour la petite fille : les hommes ont le phallus, dit Françoise Dolto, et les femmes ont les enfants.

Cependant, la petite fille ne saisit pas encore *comment* on fait les enfants. Si on le lui a dit, elle ne l'a pas encore intégré. Elle imagine la conception à partir de sa propre expérience. Elle croit que la conception suit la voie digestive : cela s'attrape par la bouche (d'où la valorisation du baiser[9]), se fabrique dans les intestins... et sort par l'anus. C'est une théorie parthénogénétique, puisque la petite fille imagine qu'elle peut faire un enfant toute seule[10].

9. D'autant plus que ce mot prête à confusion.
10. A l'âge adulte, ces théories devenues inconscientes peuvent imprégner la représentation qu'a la femme de son corps. Selon Françoise Dolto, cette confusion entre la voie anale et la voie génitale est à l'ori-

Sous la figure de la Vierge Marie, notre culture chrétienne a renforcé cette image d'une « bonne mère », tendre, chaste au point de ne pas avoir d'homme, et faisant son dieu de l'enfant qu'elle a conçu (à peu près) seule.

Il est donc important de dire à la fille, et de lui faire entendre, le rôle du père dans la conception ; de lui faire comprendre qu'elle ne concevra pas d'enfant seule, mais avec un homme.

L'INTERDIT DE L'INCESTE : UN REPÈRE CLÉ

L'interdit de l'inceste est une loi universelle que l'on trouve dans toutes les cultures. Il arrive à Françoise Dolto de dire que c'est une loi naturelle, inscrite au cœur de tout homme.

Sans cette loi, c'est l'ordre du monde qui est bouleversé. En effet, si une fille a un enfant avec son père, cet enfant est le frère de sa mère, son père est son grand-père, et son grand-père est le mari de sa mère. Avec le désordre des générations, le temps remonte son cours, et l'enfant est privé de repères essentiels pour se construire.

A partir de ce moment, la petite fille a un désir de femme : elle souhaite séduire un homme qui la fera mère, comme sa mère. Elle n'a pas de pénis, mais elle trouvera un homme qui le lui donnera. Non seulement pour l'avoir, précise Françoise Dolto, « mais

gine de troubles au moment de l'accouchement. Et le classique : « Poussez, madame ! » prononcé par la sage-femme n'arrange pas les choses...

pour être maîtresse de qui l'a, et peut ainsi [la] satisfaire ». Voilà qui donne un éclairage au mot de « maîtresse » du vocabulaire amoureux, et sort la femme du registre de la soumission.

L'entrée dans l'Œdipe

Cette entrée dans le féminin transforme l'érotisme de la petite fille. Jusqu'alors, sa sensibilité était centrée sur ses zones érectiles, que Françoise Dolto qualifie de « phalliques » : les mamelons et le clitoris, qu'elle caresse normalement, principalement au moment de l'endormissement, sans qu'il y ait à intervenir. Françoise Dolto pense que la fille s'ouvre alors à une sensibilité vaginale. S'il est rare que la petite fille explore l'intérieur de son sexe, celui-ci est sans doute le lieu de sensations, sans doute réveillées par la masturbation des mamelons.

Dès lors, c'est le vagin qui devient la zone érogène prépondérante, c'est-à-dire la zone qui concentre l'essentiel des sensations et des fantasmes de plaisir. Son désir devient surtout « centripète », dit Françoise Dolto ; elle cherche à attirer vers elle [11]. C'est la fameuse « passivité féminine » : une activité orientée du dehors vers le dedans. Ses fantasmes illustrent cette nouvelle orientation : elle rêve d'être poursuivie, prise de gré ou de force, d'être pénétrée, parfois violée. Dans les dessins apparaissent le sac à main, symbole vaginal, et la poupée, symbole de l'enfant qu'elle portera.

Dans la réalité, son activité vise un seul but : plaire. Pour y parvenir, elle s'efforce de réussir dans tous les

11. Alors que le garçon est mu par des désirs « centrifuges », qui cherchent à aller vers, à pénétrer.

domaines. Elle vise à être acceptée socialement, aussi bien des grands que de ses amies. A l'école, elle recherche la perfection. A la maison, elle cherche à exceller dans tous les domaines féminins. Elle sait maintenant que sa mère est conformée comme elle et peut donc se permettre de rivaliser avec elle, de faire comme elle et tenter de faire mieux. La petite fille veut faire le ménage, la cuisine. Il est important que sa mère ne rentre pas dans le jeu de la rivalité et accepte qu'elle s'exerce dans les activités traditionnellement

UN MAUVAIS COMPLEXE DE CASTRATION VAGINALE

En découvrant la réalité de l'accouchement, la fille s'angoisse de la souffrance qu'elle risque d'endurer. Habituellement, l'attitude de la mère permet que cette inquiétude disparaisse et ne se développe pas en fantasmes destructeurs.

Les choses se passent bien si la mère n'est pas castratrice et laisse sa fille adopter un comportement féminin de son âge dans son mode d'habillement, ses comportements ; si, également, elle ne l'inquiète pas en présentant sa vie conjugale comme une suite de souffrances, ses grossesses comme des épreuves. Sinon, la fille fait écho à ces plaintes en fantasmant le pire : elle s'imagine écrasée, perforée, éclatée, dévorée...

Le plus souvent, la fille se défend de ce complexe pathologique par deux réactions : soit elle régresse à un stade antérieur, elle ne développe pas sa féminité ; soit elle retourne contre elle l'agressivité que provoque l'attitude de sa mère castratrice : elle se juge laide, incapable de rivaliser avec les autres femmes (dont sa mère).

féminines, car au-delà de cette rivalité, la petite fille cherche à devenir une femme comme sa mère, à s'identifier à elle.

C'est à son père que la petite fille veut plaire avant tout. Elle espère qu'elle finira par lui convenir davantage que sa mère. Pour parvenir à ses fins, elle développe des stratégies que Françoise Dolto qualifie de « perverses », dans la mesure où elle est prête à toutes les ruses pour séduire : insinuer des calomnies vis-à-vis de sa mère, manipuler son père pour parvenir à ses fins. Elle essaie de le conduire à faire ce qui est défendu ; à transgresser l'interdit de l'inceste qu'il a déjà prononcé, mais qui n'a pas été intégré par elle. D'où la nécessité d'expliciter la loi. Parfois, elle cherche à le rendre jaloux en inventant des scènes où d'autres hommes se seraient permis avec elle des libertés : ses frères se prennent souvent à son jeu, pour sa délectation, mais parfois aussi les adultes. Il est important de ne pas la prendre au mot, de ne pas l'enfermer dans sa mythomanie.

Vient le moment où l'interdit de l'inceste est clairement posé. Elle sait que son père lui est interdit parce qu'il l'a conçue, et parce qu'il est le mari de sa mère. Elle sait que ses frères lui sont aussi sexuellement interdits. Ses parents lui ont dit être également soumis à cette loi : sa mère n'a pas épousé son père ni son frère, mais un autre homme.

L'énonciation de l'interdit de l'inceste conduit le garçon à renoncer à son désir pour sa mère. Il n'en est pas de même pour la fille, laquelle entretient avec la loi des rapports plus souples. Au lieu de la contraindre, l'énoncé de l'interdiction la « survolte », dit Françoise Dolto. Plus encore qu'auparavant, elle cherche à capter l'attention des hommes en étant la plus belle. Elle veut encore plus à réussir à l'école, être intéressante. En même temps, tous les désirs de la phase orale et la phase anale se trouvent réactivés : les plaisirs de bouche, l'agilité verbale, l'agressivité mènent bon train.

La fille s'installe ainsi dans une relation de séduction – un peu vis-à-vis de la mère, beaucoup vis-à-vis du père. Pour autant que celui-ci lui manifeste une tendresse chaste, elle se satisfait d'attendre de grandir pour voir exaucé son vœu de se marier avec papa et d'avoir des enfants avec lui.

Cette période peut durer longtemps. Progressivement, presque insensiblement, la fille renonce. Françoise Dolto estime que la comparaison de la taille de son père avec la sienne l'aide à faire ce travail. Depuis la découverte de la procréation, elle s'inquiète par ailleurs de la souffrance provoquée par la grossesse et surtout l'accouchement. Considérant son père, la disproportion physique lui fait craindre d'être sinon détruite, du moins détériorée par la pénétration.

Comme le garçon, la fin de la période œdipienne se conclut par une phase où la fille se déprécie. Comme lui, elle croit qu'elle n'a plus de valeur aux yeux de ses parents. Avec la perte de son objet d'amour, elle vit la perte de sa valeur sexuelle, et risque d'y renoncer définitivement.

LES CARENCES PATERNELLES

La période de trois à huit ans est essentielle : c'est le moment du passage de la petite enfance à ce qu'on a appelé l'« âge de raison ». De nombreux troubles de l'âge adulte prennent leur source dans une mauvaise résolution du complexe d'Œdipe.

Quels sont les écueils les plus habituels ?

Une cause fréquente de mauvaise résolution de l'Œdipe est liée au fait que l'interdiction n'est pas clairement verbalisée par le père. Françoise Dolto y revient inlassablement.

Beaucoup d'Œdipe mal résolus sont dus à une carence paternelle, pour le garçon comme pour la fille.

Pour Françoise Dolto, si l'absence du père est douloureuse, elle ne signe pas pour autant un destin malheureux. Plus que l'absence, c'est ce qui en est dit, et surtout ce qui n'est pas dit, qui est déterminant. Les mensonges et les silences sont les principales sources des névroses.

La fille vivant seule avec sa mère a besoin d'un repère paternel

La petite fille vivant seule avec sa mère, sans son père ni sa lignée paternelle, semble d'abord bien se développer. Elle échappe à l'épreuve de l'Œdipe, ce qui ne l'empêche pas de pouvoir avoir une vie hétérosexuelle : mais elle est souvent une femme-enfant ; elle attache peu de valeur affective à sa vie génitale. Ce n'est souvent qu'à l'âge adulte, dans sa relation avec ses propres enfants, que des problèmes apparaîtront : elle ne pourra pas être la mère à la fois rivale et source d'identification féminine pour sa fille ; elle ne pourra pas être une mère interdite pour son fils. Perdue dans cette épreuve de l'Œdipe qu'elle n'a pas vécue dans son enfance, elle s'en tirera en essayant d'empêcher toute manifestation de désir chez ses enfants, les empêchant du coup de se construire. Très souvent, ces enfants présentent des troubles du langage et de la motricité. Un traitement psychanalytique de la mère et de ces enfants donne souvent de bons résultats.

LES RATÉS DE L'ŒDIPE

Dans *Sexualité féminine* (1960), Françoise Dolto résume sa vision de la sexualité en France : la vie affective et sexuelle lui paraît restée infantile. Les hommes ont résolu partiellement le conflit œdipien, écrit- elle, et les femmes pas du tout.

L'amour génital n'existe presque pas, aux yeux de Françoise Dolto ; c'est-à-dire un amour dont la finalité est de donner la vie à une œuvre, de porter un fruit sur un plan symbolique ; un amour qui n'est pas narcissique, mais tourné vers l'autre.

Car il ne suffit pas qu'une femme ait un orgasme pour dire qu'elle est sortie de l'Œdipe et qu'elle connaît des émois de type génital : ce plaisir peut être le résultat d'investissements liés aux stades oral et anal (voir chapitres précédents). De même, la fixation érotique sur une personne, ou l'intérêt pour les enfants, ne sont pas en eux-mêmes signes d'un amour pour un autre que soi-même. Presque toujours, pour Françoise Dolto, ces attachements ne renvoient qu'à des investissements qu'elle appelle narcissiques, c'est-à-dire centrés sur soi-même. Et elle ajoute : « Le sens de la paternité est à peu près perdu dans notre société. »

Quels sont les ingrédients de ce climat œdipien que l'on ne parvient pas à dépasser ?

– une angoisse latente de castration, conduisant à un sentiment de manque de confiance, à un besoin permanent et jamais satisfait de faire ses preuves, et à un

report sur l'environnement social (patron, supérieurs divers...) de figures paternelles avec lesquelles on n'a jamais fini d'en découdre;
– une angoisse de viol entraînant des comportements sécuritaires et de contre-agression, ou encore des jeux de perversité;
– une érotisation des relations sans véritable prise en considération des personnes;
– la nécessité de pimenter l'érotisme conjugal en introduisant la possibilité d'un rival, sur le mode vaudevillesque et selon le scénario œdipien (maman, papa et moi)...
Tel est le tableau que Françoise Dolto peint des Français...

Il est important que ces filles vivant seules avec leur mère, ou ne vivant que dans un milieu féminin, soient très clairement informées du rôle fécondateur de l'homme, et qu'un compagnon de la mère prenne la place paternelle. C'est vis-à-vis de lui que la petite fille vivra l'interdit de l'inceste. En aucun cas elle ne pourra le vivre vis-à-vis de son grand-père maternel, comme c'est parfois le cas pour des femmes vivant seules : cela impliquerait en effet que la petite fille serait issue du couple imaginaire (et incestueux) de sa mère et du père de celle-ci !

Le garçon élevé par sa mère seule doit avoir un modèle masculin

Un garçon élevé par une mère célibataire, ou dans un milieu féminin, ne sait pas quoi faire de la découverte de la différence des sexes. Très souvent, il ne connaît pas le rôle du père dans la procréation. La mère donne la vie et fait à manger, le père apporte l'argent : telle est la représentation qu'il se fait des rôles masculin et féminin. Il n'a à sa disposition aucun repère, aucune valeur sur laquelle se construire comme homme. S'il ne dispose pas de modèle masculin, une psychothérapie sera nécessaire pour le sortir de ce mauvais pas.

Il est très important que ce garçon soit informé du rôle qu'a joué son père géniteur dans sa procréation. Qu'il soit connu ou inconnu, que le garçon porte son nom ou pas est secondaire : avec cette révélation de son origine, le garçon apprend le rôle fécondateur de l'homme. Il peut dès lors ne plus s'identifier aux femmes et trouver autour de lui des modèles masculins qui vont lui permettre de développer sa virilité.

Les pères agressifs

Le père peut manquer non par son absence, mais par son inaptitude à donner la castration. C'est le cas des pères agressifs, violents avec leur femme, laquelle, malgré ses protestations, offre souvent un malheureux exemple de soumission inconsciente. Le garçon risque d'admirer ce père tout-puissant, cet ogre qui impose sa loi à tous dans la famille. Pour lui, la virilité est cette capacité à agresser et dominer, caractéristique des phases orale et anale (voir chapitres précédents), mais non de la phase œdipienne génitale. Ce type de père n'est soumis à aucune loi, pas même celle qui consisterait à respecter sa femme. Le garçon risque de devenir un de ces hommes impulsifs, incapables de supporter la moindre frustration, qui ne respectent ni les humains ni les lois.

On peut dire que l'enfant est sorti du conflit œdipien lorsqu'on constate les signes suivants : il s'intéresse moins aux histoires de la famille, il devient plus facile à vivre et les conflits disparaissent. Il laisse les adultes vivre leur vie et vit la sienne avec des enfants de son âge. Il s'investit dans des activités et des milieux extérieurs à sa famille, et peut nouer de vraies amitiés avec des enfants de son âge.

L'ŒDIPE INVERSÉ DU GARÇON

Il ne suffit pas pour le garçon de renoncer à fixer son désir érotique sur sa mère. Il lui faut aussi renoncer à séduire passivement son père en lui étant soumis.

S'il reste dans cette position, toutes les acquisitions que fera le garçon à l'école ou ailleurs ne seront destinées qu'à plaire à son père, et non à devenir son égal. Cette homosexualité passive sublimée empêchera le garçon de réussir, tant dans la vie scolaire (échecs aux examens) et professionnelle qu'amoureuse.

L'enfant a recherché l'amour de son parent dans l'espoir et l'impatience ; il sait maintenant qu'il n'aura jamais un enfant de lui. Les désirs sexuels, ayant perdu leur objet, ne se manifestent plus. Ils se métamorphosent en intérêts plus socialisés comme, pour le garçon, une soif de savoir intellectuel qui s'investit dans les disciplines scientifiques, ou un goût pour les compétitions sportives, qui viennent prendre la place des rivalités avec le père.

L'enfant se rapproche du parent du même sexe, dont il fait son modèle pour développer sa vie sociale. Il intériorise un certain nombre de valeurs et d'interdits qui vont lui servir de repère intérieur dans ses choix et ses comportements.

On peut, à partir de cet âge, dire que l'enfant se comporte selon une éthique qui reconnaît les autres personnes à part entière, et les règles qui régissent les échanges avec ces personnes. Françoise Dolto dit que l'interdit de l'inceste « anoblit l'enfant et le met au niveau de tous les citoyens ».

C'est alors que l'enfant prend goût aux jeux comportant des règles. Le temps et l'espace s'ordonnent, la perspective apparaît dans les dessins. L'enfant se repère parfaitement dans l'ordre des générations de sa famille.

Les intérêts œdipiens maintenaient l'enfant dans le cercle familial. L'intégration de l'interdit de l'inceste libère les énergies libidinales en leur permettant de se sublimer et de s'investir dans la société. Alors, l'enfant devient un sujet pleinement humain.

8

DE LA PHASE DE LATENCE À LA PUBERTÉ

LA PÉRIODE DE LATENCE

La période de latence commence habituellement vers la huitième année et se termine vers la onzième année. On l'appelle ainsi parce que, dans cette période, l'enfant se désintéresse des questions d'ordre sexuel.

Elle suit la fin du conflit œdipien. Si celui-ci est mal résolu, l'enfant ne pourra profiter des acquisitions fondamentales de cette période, qui passent toutes par la sublimation des désirs sexuels œdipiens.

Qu'est-ce que cela signifie ?

Le temps de la sublimation

Et d'abord, qu'est-ce que la sublimation ?

Si on interroge le dictionnaire, on apprend que le mot est emprunté au vocabulaire de la chimie et désigne le « passage direct de l'état solide à l'état gazeux » – comme lorsque, par temps sec, la neige se transforme directement en vapeur sans fondre. C'est un processus d'épuration, de raffinement.

Une mutation du solide à l'aérien, du matériel au spirituel.

Qu'entend-on alors par « sublimation » chez l'enfant de huit ans environ, fille ou garçon ? L'énergie sexuelle qui avait pour objet le parent se trouve comme libérée, déliée par le renoncement de l'enfant. Par un mécanisme inconscient, cette énergie va se donner d'autres buts, par contiguïté pour ainsi dire. Ainsi, chez les garçons, l'envie de connaître les mystères de la sexualité se transforme très souvent en goût de découvrir d'autres énigmes, et oriente l'enfant vers les disciplines scientifiques. D'un but à l'autre, il s'agit toujours de découvrir ce que l'on ne connaît pas.

On parle de sublimation lorsque les nouveaux buts sont, pourrait-on dire, « sublimes », c'est-à-dire qu'ils puisent aux plus hautes valeurs morales, esthétiques, philosophiques et religieuses de la société dans laquelle vit l'enfant.

On voit donc en quoi la castration œdipienne est importante pour le développement de l'enfant. Elle libère en lui des énergies qui peuvent alors être investies dans les activités humaines ayant valeur culturelle et sociale.

L'Œdipe tardif réussit mal à l'école

Si l'enfant n'a pas renoncé au vœu œdipien, s'il a simplement refoulé ses désirs au lieu de les transformer, s'il n'a pas réellement renoncé à l'amour de son parent, alors toutes ses sublimations vont se trouver freinées. Les désirs œdipiens, s'ils semblent abolis (puisqu'ils ne se manifestent plus directement), persistent à l'état inconscient et vont donner sens à tout ce que fait l'enfant. Par exemple, réussir à l'école sera pour le garçon une façon de faire mieux que son père pour séduire sa mère, et pour la fille de briller pour séduire le père. Ces activités seront donc troublées par le sens que leur donnent les conflits œdipiens : la culpabilité, les angoisses de castration vont faire leur œuvre... l'enfant ne pourra pas pleinement réussir. Bien qu'intelligent, il éprouvera des difficultés pour apprendre, un désintérêt pour l'école. De nombreux problèmes scolaires trouvent ainsi leur origine dans des désirs œdipiens non résolus.

L'ADOLESCENCE

Le temps de l'incertitude et de la fragilité

On connaît moins bien les adolescents que les enfants. Pour certains, l'adolescence est une phase de transition ou de croissance. Pour Françoise Dolto, c'est un moment de mutation dont le devenir est toujours incertain. Très souvent, elle insiste sur les mots de « fragilité », de « vulnérabilité » pour qualifier cet âge de métamorphose. L'adolescent est comme un homard ou une langouste au moment de la mue, dit-elle : alors qu'il n'a plus de carapace, chaque coup porte et laissera des traces sous la nouvelle peau. Il est donc important d'être particulièrement attentif, dans le dialogue, sans imposer ni règles ni comportements. Il est trop tard pour cela.

Vers l'âge de onze ans, le jeune adolescent connaît une forte activité amoureuse imaginaire. C'est l'âge des fans et des idoles. Il ne trouve plus ses modèles dans la famille, mais à l'extérieur. Ses parents ne constituent plus sa référence. Il n'a qu'une envie : « sortir », physiquement et psychiquement, du milieu familial. Les groupes d'amis l'aident à réaliser cette échappée ; ils lui servent de relais dans la recherche de son autonomie.

Les signes d'une adolescence bien terminée

L'adolescence est terminée, dit Françoise Dolto, lorsque cette autonomie est réalisée. A quels signes le reconnaît-on ? L'adolescent ne tient plus compte des oppositions et des angoisses de ses parents dans ses actes et ses décisions. Il ne se sent plus coupable de se séparer d'eux. Il n'espère plus changer ses parents, et la représentation qu'il a de lui-même ne dépend plus d'eux... A ce compte-là, beaucoup d'adultes ont conservé plus qu'un zeste d'adolescence !

LES REVIVISCENCES D'ŒDIPE

Avec la poussée pubertaire et l'apparition des caractères sexuels, les conflits œdipiens réapparaissent s'ils n'ont pas été résolus en leur temps. Il est très important d'aider l'enfant à les résoudre avant sa treizième année, c'est-à-dire lorsqu'il est encore proche de l'enfance et que les parents peuvent encore jouer (pour peu de temps) un rôle de référence, comme dans l'enfance. Sinon, dit Françoise Dolto, des troubles importants sont à prévoir au moment de la prise d'autonomie et des choix amoureux, vers dix-huit ans.

Il arrive également que des émois amoureux qui n'ont pas été vécus plus tôt apparaissent. Le jeune homme, la jeune fille ne savent que faire des émois érotiques qu'ils ressentent pour les personnes de leur entourage (père, mère, frères, tantes...). Ils ne peuvent en parler, surtout pas aux personnes qu'ils désirent ou croient désirer. Souvent, ils cherchent à se défaire de ces tentations en se masturbant. Encore plus souvent, ils cherchent à oublier ces désirs et se replient sur eux-mêmes. Ils dépriment, et tout les fatigue.

LE PREMIER AMOUR

Le premier amour est un moment crucial, parce qu'il marque la fin de l'enfance, et parce que sa fin ou son échec réveillent des affects parfois traumatisants, au point de pousser l'adolescent à désirer mourir.

Très souvent, le premier amour est un échec, parce qu'il s'adresse à une personne qui ne peut pas être un partenaire (il est plus âgé, ou déjà accouplé, ou simplement indifférent).

Françoise Dolto distingue deux cas de figure, tous les deux malheureux.

L'étoile et le ver de terre

Il arrive très souvent que la personne aimée fasse l'objet d'une idéalisation si forte que l'adolescent ne voit pas comment il pourrait lui faire part de son attrait. L'objet aimé est paré des qualités les plus extraordinaires, et l'adolescent se considère si peu à la hauteur de cet être admirable qu'il n'ose pas se faire remarquer. Dès lors, la situation est intenable :

l'adolescent subit une indifférence qu'il nourrit lui-même en ne manifestant pas ses sentiments. Cette situation réveille en lui la situation œdipienne vécue entre quatre et six ans avec son père ou sa mère : l'objet aimé en aime un autre, et lui se sent de trop, rejeté. Il est torturé, en silence, par des sentiments de jalousie qu'il ne peut exprimer. Soit il déprime, soit il se venge de l'indifférence de l'objet aimé. Des réactions violentes, dirigées contre lui (suicide) ou contre la personne aimée, peuvent se manifester. C'est le cas lorsque l'adolescent n'a pas eu l'occasion de vivre ce que Françoise Dolto appelle une « castration promotionnante », c'est-à-dire si l'interdit de l'inceste lui a été donné brutalement, sans égard pour lui, et surtout sans lui laisser la possibilité de se reconstruire (autrement qu'en aimant son parent) tout en étant valorisé.

Je t'aime, toi non plus

Il arrive aussi que l'objet élu ne réponde pas au désir amoureux, soit parce qu'il aime ailleurs, soit parce qu'il n'est pas un partenaire adapté. L'adolescent ne fait pas toujours des choix réalistes : il aime une personne déjà en couple, ou trop éloignée de lui par l'âge ou la situation sociale. Si l'adolescent parvient à se déclarer, il essuie un refus, qu'il associe inconsciemment à un autre échec vécu enfant : l'échec œdipien. A cette époque, il a en effet essuyé le refus de son père (pour la fille) ou de sa mère (pour le garçon). Tous les émois de cette période resurgissent alors, surtout si le conflit œdipien a été mal résolu, ou non résolu.

L'imaginaire prend alors le dessus. L'adolescent se sent coupable d'aimer une personne qu'il ressent comme interdite, comme lorsqu'il était enfant (même si, dans la réalité, l'objet de ses désirs actuels n'est pas interdit). Le refus prononcé par la personne désirée rappelle l'interdit de l'inceste prononcé au temps de l'enfance.

LA CULPABILITÉ ADOLESCENTE

Les jeunes adolescents connaissent souvent des culpabilités purement imaginaires, disproportionnées. Ils se sentent écrasés par une condamnation toute-puissante qu'ils retrouvent en eux comme dans leur entourage.
Françoise Dolto y voit l'effet de castrations ratées. L'adolescent a intériorisé au temps de l'enfance, et conservé, une image de ses parents tels qu'ils se sont conduits avec lui – une image de parents qui ont aimé être autoritaires pour manifester leur pouvoir sur leur enfant. Ils les a perçus comme tout-puissants ; leurs interdictions n'avaient pas pour but, à ses yeux, de le protéger des dangers qu'il n'était pas encore en âge d'affronter à un moment donné. Ils n'ont pas appris à leur enfant que désobéir est parfois nécessaire, si c'est un acte volontaire et réfléchi.
L'interdiction bien posée doit être comprise par l'enfant comme protectrice et non absolue (sauf l'interdit de l'inceste). Et si l'enfant doit la respecter, il doit aussi pouvoir exercer son esprit critique. Ce que ne permettent pas les parents qui aiment jouir de leur pouvoir sur leur enfant : ceux qui se veulent tout-puissants.
Les effets s'en font sentir à l'adolescence.

Cette culpabilité peut entraîner des effets graves et conduire jusqu'au suicide dans les cas les plus éprouvants. Elle peut causer des maladies psychosomatiques ou des dépressions.

Il est important qu'une personne proche puisse écouter l'adolescent ; une personne neutre, surtout pas le père ou la mère, qui sont en l'occurrence les plus mal placés, en ce temps de reviviscence de l'Œdipe. Une grand-mère, un oncle, un ami de la famille, ou encore un autre adolescent jouant le rôle de confident, peuvent, par leur écoute positive, aider le jeune à sortir de l'épreuve et à se revaloriser.

9

EN FAMILLE

La famille en miettes

En 1961 déjà, Françoise Dolto insistait sur la crise de la famille. La perte des repères est générale, disait-elle, et se manifeste entre autres par l'éclipse du rôle du père. Les parents n'ont plus rien de prestigieux aux yeux de leurs enfants, et toute manifestation d'autorité est perçue comme de l'autoritarisme.

Les racines sont perdues, l'environnement reste anonyme pour ces familles que les exigences (et les ambitions) professionnelles condamnent à déménager trop souvent, et qui ne pensent qu'à bouger (quitter le domicile étriqué, la ville désagréable) dès que se profile le week-end.

Le lieu familial n'a plus grand-chose d'intime. Son ouverture sur le monde, ne serait-ce que par la télévision et ses mille informations, ses mille personnages trop souvent dénués d'intérêt, ne l'a pas enrichi. La famille devient le lieu d'un « show » permanent, où chacun cherche à paraître. A l'image du politicien, de la vedette ou du candidat de jeu télévisé, chacun cherche à être plébiscité plutôt qu'à être.

La nature humaine ne change pas

Et pourtant, dit Françoise Dolto, par-delà ces bouleversements, la nature humaine reste la même. Il faut toujours être trois pour que naisse un enfant. Très souvent, la première éducation est l'œuvre des deux parents, ce qui lui paraît indispensable au moins jusqu'à l'âge de six ans. On verra plus loin qu'ils ne sont pas forcément ceux qu'elle appelle les « parents de naissance ».

Quand bien même les parents ne sont pas là, les enfants portent en eux une idée du père et de la mère. C'est une loi psychologique, dit Françoise Dolto, qui en appelle régulièrement à la nature humaine. Chacun porterait en soi une idée type du père : un homme dont la présence est discontinue, qui donne son nom à l'enfant, représente la loi, introduit au monde social et professionnel. La mère est celle qui réconforte et soigne, celle qui apporte une présence corporelle continue, au moins jusque vers les sept ans ; celle, aussi, qui est par excellence l'objet des convoitises sexuelles.

Deux nécessités : la triade et la loi

Quoi que l'on pense de ces archétypes psychologiques, et que la famille soit disloquée, monoparentale, « à géométrie variable » ou remplacée par une institution, il est nécessaire que l'enfant soit situé entre une instance paternelle et une instance maternelle. C'est dans une relation à trois que les lois peuvent être données, pour aider l'enfant à se développer.

Tout au long des chapitres précédents, nous avons vu comment le développement de l'enfant est scandé par ce que Françoise Dolto appelle des castrations, qui passent par l'énoncé d'interdictions dès que l'enfant possède des rudiments de langage. A notre époque de crise permanente et d'incertitude, il est plus que jamais important de rappeler le rôle fondateur des lois que les parents se doivent de donner.

Françoise Dolto distingue deux types de lois :

1) les lois destinées à protéger le jeune enfant, et qui disparaissent au fur et à mesure qu'il grandit. Ce sont en général des interdictions énoncées au sein de la famille et de ses prolongements naturels (la nounou, la maîtresse) ;

2) les lois qui dépassent la famille et proviennent de la collectivité dont l'enfant et sa famille font partie. Par exemple, l'obligation scolaire, ou l'interdiction de voler[1]. Il est important que les punitions prévues soient administrées. Pas seulement pour faire respecter la loi, mais également pour aider l'enfant. Car une infraction qui n'est pas sanctionnée laisse l'enfant livré à sa culpabilité. Ce qui signifie également que les parents ne doivent jamais chercher à préserver leur enfant des sanctions dont il est l'objet (à l'école, par exemple).

1. Ces interdits sont ceux d'une collectivité. Ils ne sont pas naturels et éternels : en temps de guerre, il est permis (et même recommandé) de tuer son voisin d'outre-frontière ; chez les gitans, dérober le bien d'un « gadgé » n'est pas considéré comme un vol ; etc.

La perversité chez les parents

Quant au rapport que les parents entretiennent avec les lois, et plus généralement l'éducation, Françoise Dolto parle fréquemment de perversion, dans un sens bien précis. Plus souvent qu'on ne le pense, dit-elle, les parents cherchent à tirer l'enfant en arrière plutôt qu'à l'aider à se développer en se tournant vers l'avenir. C'est cela qu'elle entend par perversion : maintenir l'enfant dans l'enfance, pour le plaisir des parents, et malgré son désir profond de grandir. Les exemples qu'elle donne sont multiples et variés : empêcher un enfant de pleurer en lui fermant la bouche avec une tétine, c'est lui faire croire qu'il trouvera toujours des tétines de remplacement en cas de manque ; contraindre un enfant à être propre au moment décidé par la mère, c'est ne pas respecter son rythme normal de développement ; etc.

La perversité consiste aussi à élever l'enfant dans l'idée de faire plaisir aux parents et de les satisfaire. Or les parents, dit Françoise Dolto, ne sont pas là pour être aimés, mais pour pourvoir au développement de leur enfant. Le commandement biblique dit : « Ton père et ta mère honoreras » ; ce n'est pas par hasard qu'il ne dit pas : « Ton père et ta mère aimeras. » Françoise Dolto ne cesse de répéter : les parents ont tous les devoirs, et aucun droit – pas même celui d'être aimé. Et elle conclut par cette phrase définitive : « Les êtres humains ne sont pas faits pour s'agglutiner les uns aux autres, dans un cercle fermé. » Elle aurait pu ajouter : dans les familles closes sur elles-mêmes flotte toujours un petit parfum d'inceste.

Il y a beaucoup de violence dans les propos de Françoise Dolto, sans doute liée à son caractère franc et direct. Il n'y faut pas seulement voir le simple règlement d'un contentieux remontant à sa propre enfance, mais plutôt une grande ferveur à défendre ces milliers d'enfants dont elle a entendu les souffrances, conséquences des attitudes de tant de parents. Oui, pour Françoise Dolto, il y a beaucoup de parents pervers.

En même temps, on l'a vu, Françoise Dolto ne jette pas la pierre aux parents ; elle ne les accuse pas. Elle utilise parfois l'image du carambolage de voitures sur l'autoroute. Si vous emboutissez la voiture qui vous précède parce que celle qui vous suit a embouti la vôtre, vous êtes responsable, mais non coupable. Un enfant en souffrance est le produit d'un carambolage d'au moins trois générations : aucune n'est fautive, tout en étant responsable. Ainsi, il n'y a pas de bonne ni de mauvaise mère, dit-elle. Si un enfant est né d'une femme, c'est qu'il l'a désiré : il l'a faite mère, un point c'est tout.

Comment ne pas être un parent pervers ? Comment être, autant qu'on le peut, un bon parent ? Il n'y a pas de recette. A chacun de l'inventer, selon son histoire, sa famille, son enfant. Il est plus aisé de décrire une éducation négative, c'est-à-dire ce qu'il ne faut pas faire.

Cependant, Françoise Dolto revient sans cesse sur quelques repères dont nous avons déjà eu des aperçus.

Être parent n'est pas un métier

Il ne suffit pas de se former ou s'informer pour acquérir des compétences de parent. L'implication vis-à-vis de l'enfant est trop vive pour ne pas éveiller toutes ses résonances inconscientes, et

PÈRE ET PAPA, MÈRE ET MAMAN

Pour un enfant, « père » n'est pas synonyme de « papa », ni « mère » de « maman », dit Françoise Dolto. Selon elle, « maman » et « papa » désignent tous les adultes qui prennent en charge l'enfant et lui apportent la sécurité nécessaire à son développement. Lorsque la confiance est là, l'enfant appelle facilement maman ou papa la personne qui s'occupe de lui. Bien des mères s'émeuvent lorsque, revenant chercher leur enfant après une journée de travail, elles l'entendent appeler « maman » la personne qui le garde. Elles en conçoivent bien vite de la culpabilité et de la jalousie. Qu'elles se rassurent : elles sont toujours leur mère pour l'enfant. « On a trente-six mamans, on n'a qu'une seule mère », dit Françoise Dolto.

De même, il arrive qu'une petite fille ou un petit garçon appelle son père « maman ». C'est un mot de reconnaissance qui rend compte du fait que le père a pris en charge la satisfaction de ses besoins vitaux (alimentation, change...). Il n'a pas pour autant changé de sexe aux yeux de l'enfant !

Françoise Dolto cite également des cas d'inversion de noms, l'enfant appelant « maman » son père, et « papa » sa mère. Pour lui, il n'y a pas pour autant perte des repères. Si on lui demande qui est « le monsieur » et qui est « la dame », il ne se trompe pas. Simplement, le vocabulaire enfantin n'est pas le nôtre.

Le père et la mère ne sont pas forcément les adultes qui s'occupent de l'enfant. Ils restent pourtant, dit Françoise Dolto, les père et mère « de naissance ». Elle employait ce vocabulaire avec les enfants, qui la comprenaient parfaitement.

Le père et la mère de naissance sont ceux qui ont conçu l'enfant. Même lorsque le couple est séparé, même lorsque l'enfant ne connaît pas son père ou sa mère, il est important de lui dire qu'ils ont été unis. Et pour Françoise Dolto, ce n'est pas une figure de style : en effet, pour qu'un homme et une femme conçoivent un enfant, il faut bien qu'ils aient été unis, au moins dans leur désir inconscient, le temps de la conception. Aux yeux de l'enfant, nier cette union, c'est nier son existence même, puisque c'est refuser son origine.

Beaucoup d'enfants, aujourd'hui, dans les couples que l'on appelle « recomposés », ont un père de naissance et un papa qui les élève. Les deux sont importants, et ne doivent pas être confondus. L'enfant a besoin des deux, dans deux personnes ou dans une seule.

l'enfant que l'on a soi-même été. Être parent, c'est marcher à l'intuition, c'est donc être capable de se faire confiance, et en même temps de se remettre en cause.

Ensuite, il s'agit pour les parents d'éduquer les enfants, quitte à leur déplaire. « Si l'enfant déclare : "Je ne t'aime pas", écrit Françoise Dolto, on doit répondre : "Cela n'a aucune importance, tu n'es pas né pour m'aimer." »

Rendre l'enfant autonome

Le but fondamental de l'éducation est de rendre l'enfant autonome. Il faut donc laisser l'enfant aussi libre que possible, sans lui imposer des règles superflues. Un exemple : dès l'âge de trois ans, un enfant peut avoir une liberté totale pour la nourriture et les vêtements.

Pour l'enfant, l'éducation est toujours mauvaise

Quoi que fassent les parents, leur éducation est toujours mauvaise aux yeux de leurs enfants. C'est lorsque l'enfant les trouve parfaits qu'ils doivent s'inquiéter. Cette soumission est pour le moins signe qu'ils ne lui ont pas permis de développer l'esprit critique absolument nécessaire pour devenir autonome[2]. Pour Françoise Dolto, leur cas est clair : ils sont en mauvaise santé.

Un parent a toujours tort

De même, s'épuiser à prouver à son enfant que l'on a raison, c'est vouloir le dominer afin d'être en paix avec sa propre conscience. Il faut pouvoir accepter ce fait sans culpabilité : pour l'enfant, le parent a tort la plupart du temps.

Un parent peut être injuste

Le parent fait ce qu'il peut. Il n'a pas à jouer un rôle magique, sous prétexte de rassurer son enfant, en se déclarant infaillible : il ne sait pas tout, il ne peut pas tout, et il peut le dire. Pour Françoise Dolto, rien n'empêche un parent de déclarer : « Je me trompe peut-être, peut-être suis-je injuste, mais c'est comme ça. » Ce qu'un journaliste[3] a appelé la « doltomania » n'est pas le fait de Françoise Dolto : elle n'entraîne pas les parents à se soumettre à la tyrannie d'un modèle de parent parfait (au regard de quoi ils ne pourraient être, par définition, qu'en défaut).

---

2. Et quand bien même les parents seraient-ils parfaits, il serait important que leurs enfants les critiquent, afin de gagner leur autonomie (laquelle ne peut s'octroyer).

3. Guy Baret, *Allô maman Dolto. Halte à la doltomania*, Éd. Régine Deforges.

La souffrance est inévitable

L'idéal n'est pas de ce monde – l'idéal psychanalytique pas plus que les autres : les parents seraient-ils exemplaires, leur enfant présenterait quand même, à un moment ou à un autre, des troubles qui peuvent être causes d'inquiétude. Il y a toujours des moments difficiles à passer.

Il n'est donc pas possible d'éviter toute souffrance à son enfant. C'est peut-être la chose la plus difficile à accepter pour un parent.

FRÈRES ET SŒURS

On trouve chez Françoise Dolto des conseils d'ordre éducatif concernant les rapports entre frères et sœurs. Il s'agit surtout de conseils pour régler les conflits, soit dans le quotidien entre frères et sœurs, soit à l'occasion d'une naissance pour l'aîné.

Pas d'imitation entre frères et sœurs

Françoise Dolto insiste toujours pour que chaque enfant ait la possibilité de réaliser son propre développement indépendamment de ses frères et sœurs. Il ne peut en être autrement dès lors que les parents considèrent chacun de leurs enfants comme une personne singulière, ayant des besoins et un rythme d'évolution qui lui sont propres.

C'est pourquoi elle se montre très critique vis-à-vis de toute attitude qui favorise l'imitation entre frères ou entre sœurs. Les parents sont souvent moins accueillants pour les imitations croisées frère/sœur, mais ils laissent assez facilement le petit frère prendre modèle sur son grand frère, ou la petite sœur sur sa grande sœur, quand ils ne le recommandent pas explicitement. La constitution de tels binômes, toujours composés d'un dominant et d'un dominé, perturbe le développement de l'un comme de l'autre pour longtemps.

Lorsqu'un petit fait une bêtise avec son aîné parce qu'il l'a imité, elle préconise de punir le cadet plus que l'aîné, car il a commis deux erreurs : d'une part il a commis la bêtise, mais en plus il a imité son frère ou sa sœur sans discernement, sans faire preuve d'esprit critique.

Comment se situer dans les conflits

Dans les situations de conflit ouvert entre frères et sœurs, Françoise Dolto donne des conseils de bon sens :

– ne jamais prendre parti ni se mêler au conflit, ce qui signifie refuser les mouchardages et faire payer ou réparer tous les belligérants (prétendument responsables ou victimes) s'il y a de la casse ;

– compatir aux plaintes exprimées par les uns ou les autres, c'est-à-dire prendre en compte les peines exprimées (puisqu'elles sont dites, elles sont donc réellement vécues par l'enfant, quoi que l'on puisse en penser) sans chercher à « consoler le pauvre petit », et en excluant toute condamnation, tout jugement défavorable.

Ce que l'on appelle la jalousie de l'aîné

Un des premiers travaux de Françoise Dolto a porté sur la jalousie de l'aîné à la naissance d'un puîné.

Pour toute personne, dit-elle, le bien-être est lié à des situations qui permettent de se développer, de s'épanouir. Jusqu'alors, les parents n'ont fait qu'apporter à l'aîné des situations de ce type. Lorsqu'un nouveau-né apparaît dans la famille, le premier mouvement de l'aîné est, à l'imitation des parents, d'aimer le nouveau-né. C'est alors qu'il se sent en danger. Car, pour lui, aimer se confond encore avec « être comme ». Aimer le nouveau-né, c'est devenir comme lui : incapable de marcher, privé de langage, mangeant sa mère... Voilà que l'aîné est invité à régresser à des comportements, à une image de son corps qui lui apparaissent étranges et menaçants pour son intégrité. Pour se rapprocher de son petit frère, de sa petite sœur, il va revenir aux pipis la nuit ou le jour, au parler bébé, au biberon, et perdre l'autonomie qu'il avait conquise. Il est important de ne pas dévaloriser ces comportements (ce qui serait rajouter aux malheurs que vit l'aîné), et de comprendre en quoi ils sont une manière de chercher la relation avec son petit frère, sa petite sœur.

Pour lutter contre ce danger de régression, l'aîné utilise une première parade : éviter le bébé, faire comme s'il n'existait pas. Pour y parvenir, il peut aller jusqu'à développer des états de stupeur et d'insensibilité qui peuvent inquiéter son entourage. On peut estimer qu'il se sort de ce mauvais pas lorsqu'il rejette activement le puîné en manifestant de l'agressivité, que les parents interprètent comme de la jalousie.

Lorsque l'aîné devient agressif, c'est donc bon signe ! Lorsqu'il déclare que le bébé est insupportable, moche, bête, lorsqu'il reproche à ses parents de l'avoir fait naître, pensez qu'il est sur la bonne voie ! Cette violence est tout à fait normale, et il est bon qu'elle s'exprime. En aucune façon il ne faut condamner l'aîné pour ces propos, ni chercher à le persuader qu'il aime plus son petit frère ou petite sœur qu'il ne le déteste. Il faut l'écouter avec bienveillance. Plus ces sentiments sont intenses, dit Françoise Dolto, plus ils permettent la constitution d'une personnalité forte. Elle conseille de ne pas les réprimer, de ne pas culpabiliser l'enfant de les exprimer. Il suffit de lui laisser faire son propre travail pour élaborer, « digérer » par lui-même la situation.

INSTALLER L'AÎNÉ DANS SON ÂGE

Pour éviter à l'aîné les situations de régression, il faudra l'encourager à se développer à son rythme et à sa manière, sans chercher à lui demander de s'occuper du bébé. Il est bon qu'il ait des activités de son niveau et que, si nécessaire, on le soutienne dans celles-ci (que l'aîné ait des activités avec son père, entre hommes, qu'il ait des activités avec des enfants de son âge).

Françoise Dolto raconte qu'avec un de ses propres enfants, elle s'est mise à adopter les sentiments de son aîné, disant : « C'est vrai, que ce petit est désagréable, il pleure tout le temps, il ne sait même pas jouer... » Alors l'aîné s'est mis à défendre son petit frère ! C'est que les sentiments de l'aîné sont doubles, à la fois amour et haine. Si on lui laisse « écluser » ce que l'on appelle sa jalousie, il sortira de lui-même de cette passe délicate, et pourra nouer une relation d'amour avec le bébé nouveau venu, à l'image des adultes qui l'entourent.

Pouvoir distinguer « aimer quelqu'un » de « être comme lui »

La conquête de l'aîné, pour Françoise Dolto, consiste à pouvoir aimer quelqu'un sans être tenu d'agir, de penser, d'être comme lui. Sans cette différenciation, impossible d'accepter qu'un autre pense autrement que soi sans se sentir en danger, remis en cause dans son être ; impossible également de se permettre de penser autrement qu'un autre, sauf à entrer en conflit avec lui. Sans cette distinction entre « aimer » et « être comme », la coopération, les relations sociales ne peuvent exister. Cette conquête de liberté individuelle se réalisera progressivement (et pas toujours entièrement, on le sait).

LES PARENTS SÉPARÉS

L'enfant est toujours blessé par la séparation de ses parents, qu'elle soit déclarée et agie, ou vécue dans les mots et les gestes muets d'un couple qui ne parvient pas à se séparer bien qu'il soit désuni.

Une séparation assumée n'est pas la pire des choses

Françoise Dolto insiste sur ce point : rien de pire que ces faux couples qui se trouvent, du fait de la situation malheureuse dans laquelle ils s'enferrent (souvent par manque de maturité), dans l'incapacité d'avoir un rapport vrai avec leur enfant. Les couples qui ne s'aiment pas ne peuvent offrir à l'enfant qu'une bonne apparence ; laquelle ne le trompe pas, au moins inconsciemment. Car, autant que ce qui est dit, autant que les démonstrations, ce sont les actions de tous les jours, les manières d'être qui portent un sens et donnent des repères à l'enfant. Dans un couple « pour de faux », l'enfant ne trouve pas les images féminine et masculine dont il a besoin pour se construire. C'est dans ces familles que l'on trouve les enfants les plus gravement perturbés.

A tout prendre, si le couple ne s'aime plus et ne peut plus vivre ensemble, mieux vaut encore le divorce. S'il n'épargne pas la souffrance à l'enfant, au moins les problèmes sont posés. Une résolution devient alors possible, sous certaines conditions. On sait que Françoise Dolto a toujours fait confiance au dynamisme et à l'intelligence des enfants. C'est également vrai dans ce cas.

Il faut parler à l'enfant

La première et primordiale condition est de dire à l'enfant, quel que soit son âge, que les parents se trouvent dans la nécessité de se séparer, et de le dire suffisamment à l'avance pour qu'il puisse s'y préparer.

Mais parler de la séparation à l'enfant, ce n'est pas lui dire crûment ce que l'on a sur le cœur : « Ton père nous quitte parce qu'il a une autre femme, parce qu'il ne vaut rien, parce que c'est un alcoolique, un salaud... », ou : « Ta mère s'en va parce que c'est une salope, parce qu'elle ne t'aime plus... » Dans ces moments de crise, en aucune manière un parler trop cru ne peut aider l'enfant.

NE PAS DIRE, C'EST ENCORE PARLER

Ne pas parler à l'enfant de la séparation des parents, c'est lui signifier qu'il faut la cacher, qu'il y a quelque chose de honteux. Ce qui induit deux types d'effets. Si les parents ne peuvent parler de leur séparation, c'est qu'elle paraît comme une transgression. Or, ce que l'on met sous le boisseau, c'est toujours ce que l'on met également sous la couette : pour l'enfant, ce qui est caché par les parents a trait à leurs relations sexuelles. L'enfant va cacher le secret de la séparation comme on cache tout ce qui a trait au plaisir sexuel, et avec la même jouissance. Dès lors, il va s'empêcher d'en parler et se priver d'un moyen d'élaborer sa souffrance, tout en se coupant des autres enfants : comment inviter ses copains chez soi, par exemple, quand on cache que ses parents sont divorcés ?

Qui a tort ? Qui a raison ?

La justice elle-même rajoute de l'eau à ce moulin en cherchant à identifier une victime et un coupable dans les jugements de divorce. La question n'est pas de savoir qui a raison et qui a tort – question par ailleurs toujours difficile à trancher. Telle femme n'a pu choisir qu'un homme dur et violent, un « vrai chef », et s'en mord ensuite les doigts ; tel homme n'a pu choisir qu'une femme-enfant, qui s'avère irresponsable et volage... Le choix du partenaire, jamais innocent[4], induit souvent la suite et la fin de la relation.

4. Il s'agit ici des motifs inconscients du choix amoureux, malheureusement névrotiques.

Une logique d'accusation, d'attaque et de défense ne peut qu'aggraver le désarroi de l'enfant. Le parent « qui a tort » est déprécié, tandis que l'autre parent risque d'être positionné comme victime, ce qui n'est pas plus valorisant, alors que l'enfant a besoin pour se construire d'une bonne image de son père comme de sa mère.

Le pire serait encore de dire à l'enfant : « Si tu n'étais pas là, ça ne serait pas arrivé » ; ou, plus vicieusement : « Nous nous séparons pour ton bien. » L'enfant trouvera toujours des raisons imaginaires de se croire coupable de la séparation de ses parents : il est inutile de les confirmer dans la réalité – sauf à désirer marquer son enfant pour la vie !

Comment dire ? Il est surtout essentiel, dans ce qui sera dit à l'enfant, de distinguer deux plans : celui de la relation de couple, et celui de la relation des parents à l'enfant.

Les parents se quittent parce que c'est une nécessité ; parce qu'ils ne peuvent plus vivre ensemble ; parce qu'ils en ont besoin pour leur équilibre personnel. Ils l'ont décidé de manière responsable, avec le recul nécessaire. C'est une affaire dont les détails les regardent seuls et ne regardent pas l'enfant. Leur séparation est une affaire intime, c'est au fond un des aspects de leur relation. Il est – nous l'avons vu – néfaste pour l'enfant de pouvoir s'immiscer dans la relation amoureuse des parents. C'est la même règle qui prévaut ici : laisser l'enfant à l'écart de la relation de couple pour ne pas favoriser de relation incestueuse.

Mais ce n'est pas parce que la relation entre les parents est rompue que leur relation à l'enfant est fondamentalement changée. « Ta mère (ou ton père) et moi, on ne s'aime plus, mais je t'aime toujours » : voilà ce qui devrait être toujours signifié à l'enfant. De même que ne doit pas être pas reniée l'union qui a conduit à la naissance : « Lorsque nous t'avons conçu, nous nous aimions, et nous sommes toujours très heureux que tu sois là » : voilà ce que l'enfant devrait entendre. Et Françoise Dolto ajoute : « Tu as de la chance, tu vas avoir deux familles, avec deux mamans et deux papas. »

Parfois, les parents sont trop marqués par le conflit qui les oppose, trop en crise pour pouvoir expliquer leur séparation à l'enfant et développer cette explication dans la durée. Car il ne suffit pas d'énoncer abruptement la décision, ce qui serait traumatisant pour l'enfant ; il faut prendre le temps d'y revenir, d'échanger à fond sur le sujet, pour que l'enfant ait le temps d'élaborer, de « digérer » cette nouvelle.

Françoise Dolto estime que le juge[5], dans le cas d'un divorce, pourrait énoncer la décision de justice à l'enfant et l'écouter (ce qui se fait de plus en plus). Une personne tierce, un proche, peut également expliquer la séparation, à condition de ne pas être fortement impliqué dans l'événement. Il est certain, par exemple, que les grands-parents sont très mal placés pour tenir ce rôle.

Quelles sont les souffrances de l'enfant ? En quoi un divorce peut-il le perturber ? Il n'y a pas de réponse générale à cette question, pour la simple raison que chaque enfant, comme chaque famille, est unique.

---

5. Ou un psychologue, une personne formée travaillant avec le juge.

Maintenir l'enfant dans des continuités

Quelques principes de base peuvent cependant servir de repères. Le continuum de l'enfant doit être préservé, dit Françoise Dolto, qui distingue le continuum de l'espace, celui de l'affectivité, et le continuum social.

L'espace dans lequel nous évoluons est une expansion, toujours limitée, du premier espace que nous avons connu : dans l'utérus, notre corps était contenu dans un autre corps. Le petit enfant perd ses repères lorsqu'il sort de la maison. Petit à petit, son territoire s'agrandit, mais il conserve des limites. Pour beaucoup d'adultes, sortir de son quartier, c'est déjà être à l'étranger ; et le territoire national, celui de la « mère patrie[6] », est un des derniers développements du premier espace que nous avons connu.

Maintenir l'espace pour ne pas dissocier le corps

Pour se retrouver dans son corps, l'enfant a besoin d'une permanence de l'espace dans lequel il évolue. Jusqu'à l'âge de sept ans environ, la perte du lieu où il a grandi, qui fut aussi l'espace de l'union de ses parents, va induire une perte de la cohésion corporelle et affective. Il est donc important, autant qu'il est possible, de faire en sorte que l'enfant puisse rester dans la maison ou l'appartement où il a vécu. Il lui sera plus facile de réaliser le nécessaire travail de reconstruction affective.

6. Cette expression est une belle formulation du parent combiné de la petite enfance : cet ensemble parental à deux têtes, maternelle et paternelle.

Françoise Dolto préconise même une solution idéale : que l'enfant reste dans l'appartement où il a vécu avec ses parents, et que ceux-ci se relaient pour y vivre, dit-elle, leur « devoir de parent ». Outre que cette solution est luxueuse (trois appartements pour deux couples, ce n'est pas à la portée de tous), les nouveaux partenaires des parents qui se sont essayés à cette solution n'y ont pas souvent résisté !

Préserver la cohésion affective

Le deuxième continuum nécessaire à la construction de l'enfant est le continuum affectif. La désunion des parents induit obligatoirement une dissociation affective. C'est pourquoi il est bon de parvenir à désintriquer la position de parent de la position de couple et faire en sorte que la désunion amoureuse n'empêche pas de manifester une union parentale, d'abord en ne reniant pas la conception de l'enfant, et également en prenant ensemble les décisions concernant la vie de l'enfant (du moins en se concertant). Trop souvent, les parents oublient leur responsabilité parentale. Ils font de l'enfant un objet de leur relation amoureuse et se le disputent sans tenir compte de ses besoins propres. C'est un drame pour l'enfant, qui a besoin de ses deux parents pour se construire.

Ne pas changer d'école

Pour l'enfant, le continuum social passe essentiellement par l'école. Il est bon qu'à la séparation des parents ne se surajoute pas la perte du milieu scolaire.

Les effets de la séparation selon les âges

Les effets de la séparation ne sont pas les mêmes selon l'âge de l'enfant. Françoise Dolto distingue trois cas de figure.

Si l'enfant est très jeune, jusqu'à cinq ans environ, la séparation représente un « traumatisme ». Pour un enfant, tout se joue avant cinq ans, écrit souvent Françoise Dolto. Ce sont donc les fondations de l'enfant qui sont mises à mal. Il est essentiel d'être attentif à son développement et de ne pas hésiter à faire appel à une aide psychologique. Une attention profonde est nécessaire : il arrive que les signes de malaise soient discrets et n'explosent qu'à l'adolescence. Dans tous les cas, mieux vaut prévenir qu'attendre ; il sera trop tard.

Si l'enfant a entre cinq et sept ans environ, la séparation risque de rendre plus difficile la résolution œdipienne, sans représenter le même traumatisme qu'à un plus jeune âge. La solution consiste à offrir à l'enfant une situation triangulaire, c'est-à-dire qu'il puisse se confronter à un couple. La situation est plus heureuse lorsque la mère, ou le père selon le sexe de l'enfant, a un nouveau partenaire qui peut et sait prendre la place du troisième, afin que se déroule le processus œdipien.

Lorsque la fille se retrouve avec son père après le divorce, ou le garçon avec sa mère, il (ou elle) éprouve d'abord le sentiment victorieux d'avoir évincé le rival. Si la séparation a été conflictuelle, l'enfant bénéficie de la complicité de son parent, qui peut aller jusqu'à dire ou signifier : nous nous sommes enfin séparés de l'autre. Mais cette union parent-enfant risque de provoquer une culpabilité déstabilisatrice pour l'enfant : pour alléger cette culpabilité, il va être amené à se punir inconsciemment d'avoir conquis son parent alors que cela lui est interdit (par exemple en ne réussissant pas à l'école).

Ce sentiment victorieux ne peut durer longtemps. L'enfant a besoin de s'identifier à l'autre parent. Le rejet victorieux va se transformer en manque et en nostalgie. Si le parent évincé est très absent, l'enfant ira jusqu'à l'idéaliser. Mais, manquant ou idéalisé, l'autre parent n'est plus là comme une bonne image à laquelle se référer.

Si l'âge de l'Œdipe est dépassé (habituellement vers sept ans), les effets de la séparation seront moins lourds.

Avec qui l'enfant devrait-il vivre ?

La séparation des parents pose des problèmes pratiques. Et tout d'abord : avec qui l'enfant va-t-il vivre ? Avec le père ? Avec la mère ? Et pourquoi ?

Dans le premier âge, disons l'âge pré-œdipien, la priorité va à la préservation des continuums évoqués plus haut. Il est nécessaire que l'enfant reste avec sa maman pour se construire. Tant mieux si sa maman est sa mère. Mais ce n'est pas toujours le cas. Si l'enfant était élevé par une nourrice et voyait plus son père que sa mère, ou si la mère travaillait à l'extérieur et le père restait à la maison et élevait les enfants, c'était le père qui jouait le rôle de maman. Dans ces cas, pour assurer la continuité, l'enfant devrait rester celui que Françoise Dolto appelle le « parent continu ».

A partir de cinq à sept ans, c'est-à-dire à l'âge œdipien, plutôt que de vivre avec le parent du sexe opposé, plus encore si celui-ci vit seul, il serait préférable que le garçon vive avec le père, et la fille avec la mère. Sinon, le garçon risque de rester trop lié à sa mère, et la fille à son père.

Une fois l'Œdipe résolu, l'enfant a surtout besoin du pôle d'identification que lui offre son parent du même sexe.

Il est bon que le parent ait d'autres intérêts que son enfant

L'idéal serait que ni la mère ni le père ne reste seul après la séparation. Rien n'est pire qu'une mère (ou, plus rarement, un père) qui se sacrifie pour ses enfants et le leur dit : elle crée une relation de culpabilisation en attribuant à ses enfants un type d'importance qu'ils ne devraient pas avoir dans sa vie (en se comportant « en fausse veuve ou en fausse vieille fille », écrit Françoise Dolto). Il est important, si elle ne souhaite pas de nouveau partenaire, que la mère trouve des intérêts hors de sa relation à ses enfants : ce peut être une activité professionnelle, sportive ou ludique qui l'amène à s'occuper d'elle-même et de ce qui lui plaît, en dehors de ses enfants. A tout prendre, il vaut mieux qu'elle ait trop de partenaires que pas assez ! Françoise Dolto cite souvent le cas d'un garçon qui disait à l'école : « Moi, j'ai trois papas » et s'en portait bien.

La place du nouveau partenaire

S'il vaut mieux que le parent ait un nouveau partenaire, sa présence va relancer un certain nombre de questions. Le plus souvent, les conflits œdipiens vont se rejouer avec lui. Si le nouveau partenaire est du sexe opposé à l'enfant (fille/beau père, garçon/belle mère), celui-ci va tenter de le séduire, apparemment en toute normalité : puisqu'il n'est pas son vrai parent, l'interdit de l'inceste ne joue pas en droit. En fait, puisque ce partenaire est apparié avec le parent, il doit bien sûr être interdit : la loi psychique se distingue ici de la loi juridique. Le plus souvent, l'enfant va rejeter le nouveau partenaire et tenter de garder son parent « pour lui ». Si la situation devient trop conflictuelle, si l'enfant ne parvient pas à s'entendre avec lui, Françoise Dolto conseille d'adopter la même attitude que dans le cas où les parents sont le père et la mère biologiques : expliquer à l'enfant que l'on tient avant tout au partenaire, qu'on ne le sacrifiera pas pour lui, et que l'on peut trouver une solution pour que l'enfant vive mieux (pension, vivre avec l'autre parent...). Renoncer au partenaire pour satisfaire l'enfant serait comme se marier avec lui : réaliser symboliquement une relation incestueuse avec lui.

Un problème souvent rencontré, surtout par les mères, est de faire une place au compagnon vis-à-vis de l'enfant. Trop souvent, la mère tient à jouer tous les rôles, déniant à son compagnon la possibilité de participer à l'éducation de l'enfant. Il est dommage de ne pas offrir à l'enfant une situation triangulaire. Pour le garçon, le compagnon ou le nouveau mari représentera le tiers qui lui interdit la mère et sera également un modèle d'identification. Pour la fille, s'il est à la fois tendre et chaste vis-à-vis d'elle, il pourra être l'objet d'amour interdit nécessaire pour qu'elle se construise comme femme.

Il arrive également que la mère (ou le père) soit jaloux du nouveau partenaire de son ex-conjoint, et traduise cette jalousie en possessivité vis-à-vis de l'enfant : si après m'avoir pris mon mari (ou ma femme), ce partenaire allait prendre mes enfants ? Pense-t-il (ou elle). Françoise Dolto rapporte le cas d'un père disant à sa fille : « Il n'y a que moi que tu peux appeler "papa". » La ramenant chez sa mère, en fin d'exécution de son droit de visite, la petite fille appelle « papa » son beau-père. Après cette méprise, le père n'a plus voulu revoir sa fille. Il confondait le « père » et le « papa », comme le font beaucoup de parents séparés. Qu'ils se rassurent : si l'enfant voit une nouvelle maman (ou un nouveau papa) dans le nouveau partenaire du conjoint, il n'a toujours qu'un père et qu'une mère de naissance, comme le dit Françoise Dolto.

Le devoir de visite

Bien des parents utilisent le fameux droit de visite accordé par le juge dans les cas de divorce pour régler leurs comptes. Le terme de « droit de visite » ne convient pas à Françoise Dolto. De même qu'elle préfère parler de « responsabilité parentale » plutôt que d'« autorité parentale », elle estime qu'il serait préférable de parler de « devoir de visite ». « Droit de visite » suggère une obligation imposée à l'autre parent : on reste là dans la relation de couple. « Devoir de visite » renvoie aux responsabilités que le parent doit assumer vis-à-vis de son enfant.

La souffrance est inévitable

Françoise Dolto estime que l'enfant devrait pouvoir passer environ deux jours par semaine avec son « parent discontinu ». Si celui-ci ne peut le faire, il faut veiller à regrouper ces jours à un moment plus favorable. Si le devoir de visite n'est pas réalisé, il serait bon que le parent continu ne reste pas pour autant avec son enfant à ces moments-là, mais les consacre à lui-même. Françoise Dolto imagine que des lieux pourraient être prévus où l'enfant passerait le temps du devoir de visite lorsque celui-ci n'est pas « consommé » par le parent discontinu.

A l'enfant de se séparer de ses parents

La séparation conduit l'enfant à devoir renoncer à la situation qu'il a connue avec ses deux parents. Lui aussi doit se séparer : d'une partie de son enfance. Il ne pourra le faire que s'il y trouve un bénéfice à ne plus être l'enfant qu'il a été. On retrouve là le schéma de castration commun à chaque étape de développement de l'enfant, décrit dans les chapitres précédents.

Une telle séparation sera possible, encore une fois, que si son origine est reconnue dans sa valeur : si l'enfant peut se considérer, dans ses traits physiques comme dans ses traits psychologiques, comme étant l'alliance vivante de ses parents.

Dès lors, le travail de l'enfant va consister à prendre du recul vis-à-vis de ses parents extérieurs, à savoir les critiquer pour comprendre ce qui s'est passé. Il va devoir apprendre à vivre détaché d'eux, sans doute plus rapidement qu'un autre enfant. Il ne les a certes pas perdus, mais il les porte davantage en lui, il les intériorise. Il faut également lui permettre de chercher des modèles masculin et féminin ailleurs, sans qu'il s'en sente coupable. C'est dire que l'enfant de parent séparé, quand il s'en sort bien, est sans doute mature et autonome plus vite qu'un autre enfant.

LE PARENT SEUL

Pour le parent seul, à l'issue d'un divorce ou depuis la naissance (donc le plus souvent la mère), la question est encore la même : il faut trianguler la situation, répète inlassablement Françoise Dolto.

Restituer une relation à trois

Si l'enfant a toujours été élevé seul par sa mère, s'il ne connaît plus ou n'a pas connu son père, il est essentiel de lui faire le récit de son origine. Si la mère est dans l'impossibilité de le faire, un tiers peut s'en charger. Bien sur, la rencontre sexuelle des parents, l'identité du père doit être donnée dans un dire positif, qui permette à l'enfant d'être valorisé dans son être, pour se construire.

De la même façon, il est important de dire à l'enfant si le père qui l'élève, qui lui a donné son nom, n'est pas son père de naissance. Cela n'enlève rien au père adoptif, bien au contraire, et permet à

LE GRAND-PÈRE N'EST PAS LE PÈRE

Une mère célibataire peut être tentée de faire jouer à son père un rôle paternel auprès de son fils.
Le grand-père ne peut pas être reconnu dans ce rôle par le garçon, dans la mesure où celui-ci n'est pas un partenaire sexuel de la mère.
Il peut encore moins le jouer s'il existe des fantasmes incestueux (conscients ou inconscients) entre le grand-père et sa fille (qui font du fils le frère de sa mère...).

l'enfant de se construire. Il est d'ailleurs illusoire de penser que l'enfant ne connaît rien de la situation ; il en connaît toujours quelque chose, consciemment ou inconsciemment.

La fille qui n'a pas vécu avec sa mère et un homme, nous l'avons vu, n'a pas pu se structurer comme femme. Cela ne signifie pas qu'elle n'a pas pu se marier, ni qu'elle n'a pas d'enfant. Cela ne signifie pas non plus qu'elle n'a jamais de plaisir sexuel (celui-ci est souvent de type clitoridien[7]), bien qu'elle ait du mal à établir un lien durable avec un partenaire. Souvent, les symptômes apparaîtront avec ses enfants, dont elle ne supportera pas un développement œdipien normal. Il lui est impossible d'assurer un rôle parental, elle se retrouve malgré elle en situation de rivalité et ne peut faire autrement que de réprimer la sexualité de ses enfants. Un travail psychothérapeutique permet de dépasser cette situation.

Trianguler la situation, dans le cas du garçon, consiste à lui faire connaître (en acte ou dans ce qui peut en être dit) son père de naissance, et à lui faire connaître le rôle fécondateur qui sera le sien quand il sera un homme. C'est ainsi que le garçon peut sortir des identifications à sa mère dans lesquelles il risque sinon de s'installer.

Les mères célibataires ne sont pas seules à éprouver des difficultés dans la relation à deux. Les pères

7. Une femme peut éprouver un plaisir sexuel non génital, mais s'appuyant sur des pulsions anales ou phalliques (plaisir localisé dans le clitoris). Parmi les quatre types d'orgasme que Françoise Dolto distingue chez la femme, elle estime que seul l'orgasme du corps utérin, rarement ressenti consciemment au niveau de l'organe, est concomitant d'une entière sensation de bonheur.

aussi. Les problèmes sont équivalents, et les solutions semblables. Françoise Dolto attire notamment l'attention sur une nouveauté culturelle : ce qu'elle appelle le « papa poule » (célibataire ou non).

Le papa poule Le papa poule ne cesse de picorer son enfant de baisers. Il le vampirise affectivement au lieu d'établir une vraie relation qui implique une distance et une différenciation entre soi et l'autre. Il ne se rend pas compte que, du point de vue de l'enfant, il érotise la situation, proposant à son garçon une relation homosexuelle inconsciente, ou à sa fille une relation incestueuse. Sans doute, en imitant à leur manière le rôle maternel, les papas poules comblent-ils la déception de ne pas pouvoir porter un enfant dans leur sein.

L'ENFANT ADOPTÉ

Globalement, l'éducation d'un enfant adopté ne comporte rien de particulier. Son évolution est la même avec ses parents adoptifs, ses frères et sœurs adoptifs, que celle qu'il aurait connue avec ses parents de naissance.

L'ENFANT PEUT ADOPTER SES PARENTS

A partir de deux ans environ, l'enfant peut désirer son adoption. Françoise Dolto préconise de lui expliquer clairement la situation et de lui demander son accord.

Voilà qui est facile à dire, et sans doute moins à réaliser. En effet, les parents adoptifs sont souvent enclins à faire des situations les plus habituelles des situations exceptionnelles. Il suffirait souvent qu'ils se disent qu'il se passerait à peu près la même chose si leur enfant était naturel pour s'éviter et éviter à leur enfant bien des difficultés.

En voici un exemple, plus fréquent qu'on ne croit. Il arrive parfois qu'un couple stérile devienne fécond après avoir adopté un enfant. Les parents adoptifs s'angoissent. Comment va réagir l'aîné ? Sa souffrance et sa jalousie vont-elles s'exprimer fortement ? Va-t-il se sentir le canard boiteux, le mouton noir de la famille ? La réponse est oui, car c'est exactement ce que ressentirait l'aîné né biologiquement de ses parents ! Et, par un cercle vicieux, si les parents font un cas anormal de la jalousie de l'aîné adopté, s'ils le ménagent trop, ils créent alors la situation exceptionnelle qu'ils redoutaient.

Dire la vérité sur l'adoption

La différence entre enfant adoptif et enfant naturel tient moins à l'enfant lui-même qu'aux parents adoptifs, qui ont à gérer la relation aux parents géniteurs. Les parents adoptifs pensent parfois que, pour le bien de l'enfant, il est préférable de lui cacher son origine et de lui faire croire qu'il est leur enfant naturel. La réponse de Françoise Dolto n'étonnera personne : il faut dire la vérité à l'enfant. Lui dire qu'il est né de l'amour d'un homme et d'une femme qui sont ses « parents de naissance », et que ceux-ci n'ont pas eu la possibilité de l'élever, pour des raisons sans doute valables. Loin de pénaliser l'enfant, cette nouvelle va

L'IDENTIFICATION PLONGE LOIN

Très souvent, l'enfant adopté ressemble à ses parents : il adopte (si l'on peut dire) leurs tics, il a les mêmes maladies de peau. Comme s'il voulait faire plus vrai que nature.
Françoise Dolto cite le cas d'une femme qui souffrait de stérilité... comme sa mère ! Or, elle avait appris sa situation d'adoptée à l'âge de dix-huit ans. Elle retrouva sa fécondité à la suite d'une psychothérapie.

le dynamiser, en lui permettant de se situer clairement dans son origine. En en parlant dès le premier jour de l'adoption, on évite ainsi d'avoir jamais à faire une « révélation ».

Conserver le prénom d'origine

Cela implique que l'on n'a pas changé le prénom de l'enfant. Pour Françoise Dolto, le prénom fait corps avec l'enfant : il l'a entendu dès sa naissance, il est inscrit en lui, on ne peut l'effacer sans effacer l'enfant. Rien n'empêche, par contre, de choisir pour l'enfant un deuxième, un troisième prénom qui correspondent au désir des parents adoptifs, et l'inscrivent dans leur lignée familiale.

10

A L'ÉCOLE

Vis-à-vis de l'école, Françoise Dolto est d'une férocité sans nuance. Elle ne croit pas à la possibilité de réforme de l'Éducation nationale. Elle dit (entre autres et multiples exemples) : « Prétendre "humaniser l'école", c'est peut-être aussi utopique que de vouloir rendre la guerre "humaine". » Françoise Dolto ne fait pas de l'adaptation de l'enfant à l'école actuelle le signe de son bon équilibre psychique !

A L'ÉCOLE PRIMAIRE

L'école primaire est inadaptée à l'enfant

Les troubles de l'apprentissage à l'école sont souvent liés au fait que l'école est inadaptée aux stades de l'évolution de l'enfant. Il en est ainsi de l'école primaire, qui privilégie les apprentissages rationnels à une époque où l'enfant vit les tourments œdipiens. En amoureux transi, il rapporte tout à sa préoccupation première. Le calcul ? une drôle d'affaire... Il sait qu'à la maison, 1 + 1 cela fait parfois 3, lorsque naît un bébé. Faire plaisir à la maîtresse, c'est un peu comme conquérir sa mère pour le petit Œdipe, qui va apprendre sa leçon pour séduire, et vivre chaque échec comme un désastre amoureux. Le mot « lire », dit Françoise Dolto, peut devenir tabou ! Dire à un enfant : « Lis ! » ouvre pour lui le lit des parents, le conduit fantasmatiquement à l'objet convoité et interdit, le trouble et lui fait perdre ses moyens... « Écris ! » peut lui rappeler les cris qu'il a entendus venir de ce même lit... Ou encore, échouer à l'école, être puni, c'est parfois une manière de satisfaire la culpabilité d'être trop proche de maman ou de papa. Ou bien, tel enfant d'immigré ne peut apprendre à lire parce qu'il surpasserait son père analphabète (il satisferait ainsi son vœu impossible d'être mieux que lui aux yeux de sa mère). Les motifs affectifs irrationnels se tressent immanquablement au désir d'apprendre et ne se calment qu'avec la résolution de l'Œdipe et l'entrée dans la phase de latence, c'est-à-dire entre sept et neuf ans selon les enfants (parfois bien plus tard).

L'école, elle, ne veut voir qu'une seule tête : apprentissage de la lecture et de l'écriture en cours préparatoire, fin des apprentissages élémentaires en CE2... C'est une école type pour un enfant type qui n'existe pas. Le rythme personnel de l'enfant, ses motivations pour apprendre, liées à son histoire affective singulière, ne sont ni pris en compte ni respectés.

Une inadaptation scolaire n'est donc pas inquiétante en soi. Cela signifie la plupart du temps que l'école n'est pas adaptée à l'enfant, et qu'il s'agit de lui trouver des situations plus favorables pour se développer intellectuellement. Françoise Dolto cite des cas d'enfants qui paraissaient arriérés et qui, déplacés de leur milieu, ont fait les apprentissages qui paraissaient impossibles. Encore faut-il pouvoir trouver ou inventer de telles solutions, ce qui n'est pas à la portée de tout parent, et pratiquement pas pris en charge par la collectivité.

Malheureusement, en cas de problème d'apprentissage, comme dans les cas où l'enfant est « en avance »,

DES ENFANTS QUI NE DEVAIENT JAMAIS APPRENDRE

Françoise Dolto a très tôt remarqué le cas d'enfants profondément inadaptés, irrécupérables aux yeux des enseignants. La guerre de 1939-1940 en a sauvé plus d'un en les coupant de l'école.
Elle cite l'exemple d'un enfant réfugié à la campagne et que l'instituteur d'une classe unique accepta d'héberger, sans lui demander aucun travail scolaire, le test d'intelligence de Binet-Simon ayant diagnostiqué un retard mental trop important. L'enfant n'allait à l'école que lorsqu'il le voulait, s'amusant à faire comme les petits quand il en avait envie, à répondre aux questions de la section des moyens quand cela lui chantait. En trois ans, il avait retrouvé un niveau normal sans qu'on s'occupe de lui.
Françoise Dolto cite également le cas d'un enfant qui ne pouvait plus fréquenter sa classe. Elle entreprit de le faire vivre à la campagne loin de toute école, où il désapprit vite le peu qu'il savait. Au bout d'un an, la fermière prit en charge l'apprentissage de la lecture, à raison d'un demi-heure par jour... En trois ans, il récupéra le niveau de sa classe d'origine. Plus tard il passa son bac, puis devint vétérinaire.
C'est parce qu'on leur a épargné la pédagogie scolaire que ces enfants jugés irrécupérables ont pu apprendre.

comme on dit, l'école n'est pas seulement inadaptée à l'enfant, elle peut aussi le perturber. Les parents doivent également être attentifs à ces effets secondaires de la difficulté scolaire.

L'école maltraite les enfants qui ne s'adaptent pas à son fonctionnement

En effet, dit Françoise Dolto, l'enfant qui échoue à l'école est ségrégué et discriminé. La logique de l'école actuelle consiste à noter ou apprécier les performances de l'élève et à les situer dans un rapport de rivalité, de compétition avec les autres élèves. Ceux qui sont mal notés se trouvent dévalorisés, ce qui ne représente qu'un frein de plus dans l'acquisition des connaissances, et non pas une motivation (un enfant n'apprend pas pour devenir meilleur que les autres, à moins d'être perverti). Au lieu de renforcer sa confiance en lui, on la détruit.

Ainsi, au handicap premier, l'école en ajoute un second, au lieu de venir en aide à l'enfant auquel elle n'est pas adaptée. Il est donc important que les parents ne rajoutent pas un troisième handicap : il n'est pas question qu'ils dévalorisent aussi l'enfant. Ils peuvent, par contre, le soutenir dans les domaines où il est motivé pour découvrir et apprendre : ce ne sont pas forcément des disciplines scolaires, ce peut être des activités manuelles et techniques, des activités sportives ou artistiques. En ce qui concerne les disciplines scolaires, il ne s'agit pas de comparer l'enfant à d'autres enfants, ni de lui demander d'imiter Pierre ou Paul. Sa référence, il est préférable de la chercher en lui-même : si ses résultats évoluent, s'il gagne sur lui-même, il fait de réels progrès. Voilà le critère que l'école devrait prendre en compte, plutôt que de le considérer, dès le primaire, comme un animal de compétition.

Il n'est pas anormal, ni inquiétant, que l'enfant n'ait pas le même rythme de développement dans toutes les matières scolaires. Il peut à une époque s'intéresser plus à tel domaine, ou à tel autre. Ce qui est essentiel, c'est de s'appuyer sur les motivations de l'enfant. Lorsqu'il en a envie, un enfant peut rattraper en trois mois un retard d'un an, apprendre à lire alors qu'on avait perdu tout espoir. On assiste souvent à de tels résultats quand une psychothérapie permet d'éliminer les obstacles de nature affective qui empêchaient l'enfant d'apprendre.

Que penser de l'enfant adapté à l'école actuelle ?

Que dire, alors, de l'enfant parfaitement adapté à l'école actuelle ? Françoise Dolto s'inquiète de son sort. Elle le compare à un « nourrisson gavé et sage » qui avale bien ses leçons et les restitue bien moulées, quitte à ne pas en comprendre le sens, ou à l'avoir oublié dès le lendemain. Pour elle, l'école fonctionne selon un mode qu'elle qualifie de digestif, sur le modèle du nourrissage du bébé : le savoir est, en quelque sorte, enfourné par les yeux et les oreilles et restitué par la bouche, comme le lait transitait de la bouche à l'anus. Ce fonctionnement invite l'écolier à perdre toute initiative pour régresser à un mode d'être ancien où il était, dit Françoise Dolto, le « parasite » de sa mère. Ce que cette école favorise, c'est la répétition, l'imitation, et en rien la prise de risque et de responsabilité qu'implique une vraie recherche créative.

Qu'a-t-on fait de l'insatiable curiosité du petit enfant qui posait mille questions ? Il y avait là un véritable moteur pour apprendre. Il suffisait de s'appuyer sur l'envie qu'a naturellement l'enfant de résoudre les énigmes qu'il se pose et qui l'inquiètent, et qui le conduisent naturellement vers l'envie de savoir, de découvrir. Voilà ce qu'il ne faut pas perdre ! Voilà ce qu'il faut retrouver ! Là est le ressort qui va faire avancer l'enfant dans le savoir, lui faire acquérir des savoir-faire.

L'ENSEIGNEMENT SECONDAIRE

Françoise Dolto n'est pas plus tendre avec l'enseignement secondaire qu'avec l'école primaire. A supposer que l'enfant arrive en sixième en ayant acquis les apprentissages de base, qu'il est sorti de la situation œdipienne, il est maintenant apte à s'intéresser à des sujets intellectuels abstraits. Hélas ! il va se heurter à un mode de fonctionnement scolaire qui ne tient pas plus compte de son rythme propre que de ses motivations. L'obligation d'exceller et de progresser dans toutes les matières paraît absurde à Françoise Dolto : un enfant de troisième peut avoir un niveau de sixième en français, et un niveau supérieur en mathématiques. Pourquoi ne pas offrir à l'enfant un système souple qui lui permettrait de se développer selon ses rythmes ? Pourquoi ne pas proposer aux enfants qui ne trouvent pas leur voie dans les disciplines intellectuelles d'autres modes de développement, sans doute plus orientés vers des activités pratiques, que la scolarité obligatoire ne permet pas aujourd'hui ?

Par ailleurs, pendant la préadolescence, les enfants se détournent de leur famille. En devenant une « maison des enfants », susceptible d'offrir des activités extra-scolaires et d'être un lieu d'hébergement occasionnel, l'école serait cet espace intermédiaire qui manque aujourd'hui entre la famille et la société.

Penser plutôt au développement de son enfant qu'à son adaptation à l'école actuelle

Des idées pour adapter l'école aux besoins des enfants, Françoise Dolto n'en manquait pas ! Ce que les parents peuvent en retenir, c'est que, pour de multiples raisons, l'école est aujourd'hui inadaptée aux enfants. Plutôt que de demander aux enseignants de donner des devoirs supplémentaires à leurs enfants, plutôt que de vouloir coûte que coûte que ceux-ci réussissent dans ce système absurde, qu'ils soient les premiers de la classe, plutôt que d'en faire des petits compétiteurs vivant dans le souci d'être meilleurs que leurs camarades, avec sans cesse l'angoisse de l'échec possible, les parents devraient chercher à rééquilibrer l'influence scolaire en offrant aux enfants des possibilités de se développer à leur rythme propre, dans des activités dont ils ont le goût. Et, si leur enfant se révèle « sous-adapté » ou « sur-adapté » à l'école, ne pas hésiter à lui offrir des solutions hétérodoxes, pourvu qu'il développe des savoirs et des savoir-faire dans les domaines qui l'intéressent.

11

A PROPOS DE QUELQUES TROUBLES ORDINAIRES

Voici, présentés par ordre alphabétique, quelques repères apportés par Françoise Dolto en réponse aux questions les plus courantes que sont amenés à se poser les parents.

Chaque enfant est unique : il ne s'agit donc pas de recettes toutes faites, prêtes à être appliquées, mais seulement d'axes de compréhension à adapter à chaque situation.

● **AGRESSIVITÉ, TURBULENCE :** Entre jeunes enfants de un à deux ans, l'agressivité est une recherche tout à fait normale de prise de contact, que partagent agressé et agresseur. Elle disparaît dès qu'elle peut être remplacée par un échange langagier (mimiques, mots).

Plus généralement, l'agressivité est liée à une impuissance à parler. Or, la violence inhérente à tout être humain a besoin de s'exprimer, d'une façon ou d'une autre.

L'agressivité la plus dangereuse est celle qui n'est pas visible, mais reste intérieure. Un jeune enfant qui reste immobile sans communiquer peut devenir très violent. Une violence manifestée est toujours préférable à une violence non manifestée (qui ne peut s'exprimer que par des troubles psychosomatiques ou psychiques).

Très souvent, l'*enfant agressif en permanence* souffre de l'inhibition de ses parents. Ceux-ci ont refoulé leur violence, et c'est leur enfant qui l'exprime à leur place. En remuant ciel et terre, en les obligeant à réagir, il les empêche de sombrer dans la dépression. Il se sent obligé de jouer le rôle de « l'électrochoc du pauvre » (l'expression est de Françoise Dolto).

Les troubles du caractère de l'*enfant turbulent* résultent le plus souvent d'une éducation manquée au moment de la castration anale [1]. Généralement, les initiatives motrices de ce type d'enfant ont été réprimées d'une façon qualifiée de « sadique » par Françoise Dolto : le désir de l'enfant de se développer en explorant le monde, en tentant des actions risquées ou interdites (faire du bruit, grimper aux arbres, essayer de balayer tout seul et casser un vase...) n'a pas été respecté, et a donné lieu à des punitions et des vexations, sans tenir compte du sens que son acte revêtait pour lui.

● **ANGINE :** Françoise Dolto estime que des angines peuvent apparaître à l'occasion de situations vécues comme des abandons. Comme si la maladie symbolisait « le désir d'appeler quelqu'un qui ne viendra pas ».

1. Voir chapitre 6, page 93.

● **ANOREXIE :** Chez le *bébé*, l'anorexie est une tentative de communication avec une mère angoissée – comme si « le bébé buvait l'angoisse de sa mère », dit Françoise Dolto. Il suffit, la plupart du temps, de quelques entretiens de la mère avec un psychanalyste pour que le bébé se mette à se nourrir normalement.

Chez le *petit enfant de un an et demi à trois ans*, qui ne peut se nourrir qu'avec réticence, et grâce au forçage de la mère, le lien de dépendance est trop fort – comme si le petit enfant ne pouvait se nourrir avec ses propres mains. Dans de tels cas, Françoise Dolto invitait la mère à laisser l'enfant ne manger que lorsqu'il le voulait (imposant ainsi une autonomie par rapport à la mère). Généralement, dans les premières semaines, l'enfant mange peu, souvent sans maigrir pour autant, et parfois en prenant du poids. La mère est habituellement mécontente, elle ne supporte pas que l'enfant se porte bien sans ses soins. Il apparaît qu'elle a besoin d'avoir un nourrisson dépendant totalement d'elle. Il faut alors, dit Françoise Dolto, « sevrer » la mère de ce nourrisson imaginaire.

De trois à huit ans, il arrive que l'enfant mange peu. Chaque repas devient l'objet de batailles homériques. Les parents sont obnubilés par le « problème » et finissent invariablement par se disputer sur la manière de faire manger le petit, la mère optant pour les méthodes doucement persuasives (malheureusement inefficaces) et le père pour des méthodes plus brutales (également inefficaces). L'enfant se révèle capable d'endurer les colères et les coups paternels, il donne même l'impression d'en jouir. En effet, provoquer le père et le vaincre en ne mangeant pas vaut bien quelque souffrance... Le lecteur averti (voir chapitre 7) aura compris l'essentiel : l'enfant est entré dans l'âge œdipien. Séparer ses parents, focaliser leur attention sur lui (plutôt que les laisser faire il ne sait quoi ensemble et sans lui), résister au père, sont des plaisirs sans égal pour la petite fille ou le petit garçon amoureux et jaloux. La solution ? Ne plus faire de l'alimentation un objet de conflit et laisser l'enfant manger à sa faim, comme il le souhaite. Il ne tardera pas à tenir normalement sa place à table. Il n'y a donc pas de crainte à avoir : il ne s'agit pas d'une vraie anorexie, et l'enfant ne se laissera pas mourir de faim !

L'anorexie de l'*adolescent*, généralement de la jeune fille, est autrement plus dangereuse. Dans les cas les plus graves, elle peut conduire à la mort, sans que le sujet manifeste d'inquiétude particulière. Si ce n'est par son extrême maigreur, la jeune fille peut ne pas alerter son entourage : elle est très (trop) active, ne manifeste aucune angoisse ni culpabilité. Elle n'a pas de vie sexuelle.

Inconsciemment, elle mélange tout. Elle transpose au niveau de la bouche son refus du désir génital féminin. Le corps n'est plus investi, le plaisir est mis en sommeil. Dans les cas d'anorexie grave, l'intervention médicale qui vise à alimenter le corps de gré ou de force n'est pas efficace à long terme. Une psychanalyse peut aider la jeune fille à renouer avec son corps, et avec son désir.

La jeune fille boulimique connaît la même confusion inconsciente de la bouche et du vagin. Comme la jeune fille anorexique, elle n'a pas vraiment traversé de période œdipienne : elle n'a jamais vécu son père comme un amant possible, mais plutôt comme un frère, ou un satellite de sa mère. Son désir génital se confond avec ses pulsions orales. Elle évite ainsi la situation œdipienne : le désir des hommes et la rivalité avec les femmes.

Généralement, les épisodes anorexiques et boulimiques de la jeune fille disparaissent avec le développement de sa vie sexuelle.

• **APPENDICITE :** L'appendicite, pour Françoise Dolto, rejoue dans le corps un fantasme de petit enfant qui n'a pas été évacué. En effet, le garçon comme la fille, entre trois et cinq ans, souhaitent avoir un enfant du père. Un observateur attentif en trouvera la confirmation dans son entourage : il suffit d'écouter les petits enfants et de les laisser dire (et c'est comme cela, par la parole, que ces fantasmes sont évacués). Un enfant du père, donc, mais conçu selon des théories sexuelles infantiles : le bébé, à cet âge, serait en quelque sorte du caca un peu particulier, qui naîtrait par l'anus [2].

L'appendice inflammé serait la satisfaction symbolique de ce fantasme ancien. L'appendicite est d'origine psychosomatique dans 80 % des cas, dit Françoise Dolto. Curieusement, on pratique l'ablation de l'appendice deux fois plus en France que dans les autres pays.

• **BALANCEMENT :** Pour Françoise Dolto, le balancement est un signe de détresse et d'ennui. Il apparaît souvent chez les bébés dont la mère est absente, et

---

2. D'où la peur du baiser, chez les jeunes filles peu averties de la façon de faire des bébés.

qui, ne disposant pas de jouet à lancer et faire revenir (métaphore, image de la mère qui part puis revient), font un jouet de leur propre corps. A peine la station assise acquise, ils balancent leur buste pendant des heures, accompagnant souvent ce mouvement d'une sorte de chantonnement : ils reproduisent ainsi, à leur manière, les bercements et la voix de la mère.

Ces enfants ont un besoin de communication qu'il faut satisfaire.

• **BÉGAIEMENT :** Le petit garçon préfère parfois être castré de la langue quand il risque de l'être du sexe : il bégaie. C'est dire que le bégaiement a partie liée avec une difficulté d'assumer le désir viril.

Le bégaiement passager de l'enfant de deux à cinq ans (ou plus) ne doit pas alarmer les parents : il fait partie des petits symptômes, des petites bizarreries, tels parfois les tics, qui apparaissent et disparaissent au cours de l'évolution de l'enfant.

En revanche, si le bégaiement perdure, il est important de le traiter sans attendre car il pénalise fortement l'enfant, notamment dans sa scolarité. Françoise Dolto a guéri par la psychanalyse des bégaiements qui avaient résisté à des traitements orthophoniques.

• **BOUDERIE :** La bouderie est une forme d'agressivité exprimée sous une forme passive. Provoquant chez celui qu'elle vise de l'indifférence, le boudeur se trouve pris à son propre piège : il ne peut que redoubler sa bouderie, s'enfonçant ainsi dans une non-communication. Le boudeur régresse à des états archaïques, qui peuvent le conduire jusqu'à la dépression.

Les boudeurs sont des enfants très sensibles et peu assurés de leur valeur. Il faut manifester de la compassion pour la souffrance qui se manifeste ainsi en négatif, et qui est difficile à comprendre puisqu'elle ne s'exprime pas. Il ne faut pas répondre à la bouderie par la bouderie. La vie doit continuer autour de l'enfant, pour l'assurer que son agressivité intérieure n'a pas été destructrice, sans qu'il ait le sentiment d'être exclu.

● **CAUCHEMAR :** Le cauchemar est un signe de bonne santé psychique. Les enfants qui distinguent bien le rêve de la réalité prennent plaisir à se souvenir de leurs cauchemars.

L'enfant qui réveille ses parents, ou souhaite dormir dans leur lit parce qu'il fait des cauchemars, est généralement en proie à des désirs œdipiens : le cauchemar est un prétexte pour que ses parents ne fassent pas ensemble (et sans lui) « des bêtises » !

● **CONSTIPATION :** Lorsque le jeune enfant ne peut développer sa motricité, du fait d'interdictions mal proportionnées, il peut régresser ou se maintenir au stade anal. Sans relation motrice avec le monde extérieur, il retourne à un ancien mode de communication avec sa mère (la mère imaginaire intérieure du stade oral [3]).

● **CONVULSION :** Françoise Dolto compare la convulsion à un court-circuit tenant lieu d'orgasme. La première convulsion est toujours liée à une excitation du

3. Voir chapitre 5, page 92.

bébé (à l'occasion de la toilette, par exemple), lequel ne dispose pas encore d'un schéma corporel, ou du langage, qui lui permettrait de décharger l'énergie ainsi suscitée.

• **CRIS :** Le cri est une des premières manifestations de vie de l'enfant. Il crie parce qu'il est heureux, parce qu'il a envie, ou besoin. Empêcher un enfant de crier, c'est littéralement l'empêcher de vivre. En contraignant un enfant à ne jamais crier, on contrarie ses rythmes vitaux. Pour peu qu'il soit sensible, il peut alors inverser tous les repères de base : tout ce qui est de l'ordre de la vie peut devenir pour lui un danger, un mal-être à éviter.

Les cris sont également le premier moyen de communication qui permet aux parents de connaître les besoins comme les désirs de l'enfant, et de différencier les cris de demande des cris de souffrance.

• **DIARRHÉE :** Comme pour la constipation, lorsque le jeune enfant ne peut exprimer ses désirs par la motricité et l'action sur les objets extérieurs, un mécanisme de régression fait que l'activité se développe au niveau du tube digestif et provoque la diarrhée.

Chez le bébé, Françoise Dolto estime que la diarrhée est souvent une façon de rejeter un danger apporté par la mère, et qui a été imaginairement avalé.

• **ÉNURÉSIE :** Beaucoup plus fréquente chez les garçons que chez les filles, elle est toujours liée à l'impossibilité pour le garçon de vivre un désir viril, suite à une non-valorisation de son sexe.

Jusqu'à deux ans et demi environ, le petit garçon peut uriner en érection. Mais un jour, il ne peut plus.

Il tente d'uriner sans y parvenir, et touche son sexe plus qu'il ne le faisait auparavant pour comprendre ce qui se passe. Si personne dans son entourage ne lui explique que, plus tard, ce sexe en érection projettera du sperme, il ne peut s'expliquer ce qui lui arrive. Il est nécessaire de soutenir sa fierté virile et de lui faire distinguer le besoin d'uriner du désir sexuel.

Si on lui a interdit de se toucher la verge, ce qu'il s'empêche de faire le jour resurgit la nuit, et il mouille son lit.

Les parents sont souvent soucieux de voir disparaître ce symptôme gênant. Il est prudent de savoir à quel trouble psychique il est lié avant de tenter de le faire disparaître prématurément, au risque de laisser place à des symptômes plus graves. Habituellement, l'énurésie peut disparaître lorsque le garçon entame le complexe d'Œdipe (parfois à un âge tardif...)

● **INFIRMITÉ :** Il est essentiel de parler à un enfant de son infirmité dès sa naissance, qu'elle soit physique ou psychique (par exemple, la trisomie 21). C'est la meilleure façon de prévenir les troubles susceptibles de survenir plus tard. Il faut lui expliquer qu'il n'est pas responsable de cet accident. L'enfant est souvent plus capable que ses parents d'entendre la vérité, et de vivre avec.

● **LANGAGE (RETARD DE) :** L'enfant ne parle pas parce que sa mère parle à sa place. Celle-ci doit se « décentrer » de lui et parler à un tiers (son mari, son compagnon), pour que l'enfant devienne sujet de lui-même et parle en son nom propre.

Les retards de langage, comme les troubles du langage, s'ils sont importants, peuvent être le signe de troubles affectifs graves.

• **LIT DES PARENTS :** Françoise Dolto sur ce sujet est parfaitement claire : « On ne peut pas traiter un enfant comme un chaton ou une chaufferette. » C'est un être humain désirant et sensuel, il est impossible de faire l'impasse là-dessus. Mettre ou accepter régulièrement un enfant dans son lit, c'est lui offrir une situation de corps à corps fusionnelle ou incestueuse, même quand ça ne l'est (apparemment) pas pour les parents. Les conséquences possibles : un frein au développement de l'enfant, des retards de langage, d'autonomie motrice, des troubles affectifs.

• **MARCHE (RETARD DE LA) :** Les retards dans l'acquisition de la marche, et plus globalement les retards de l'activité musculaire, sont dus au fait que l'enfant ne dispose pas de son corps. Celui-ci est resté l'objet de sa mère, pour le plus grand plaisir de l'un et de l'autre. Très souvent, la mère justifie cet attachement par l'anxiété qu'elle éprouve devant les dangers qui guettent son enfant quand il se risque à prendre de l'autonomie.

• **MASTURBATION :** Jusqu'à l'âge de sept ans, on doit laisser l'enfant pratiquer la masturbation, du moment qu'elle fait partie de sa vie privée, c'est-à-dire qu'il n'y fait pas participer son entourage d'une manière ou d'une autre. Elle lui apporte une détente physique et psychique bienfaisante, surtout à l'époque œdipienne. Généralement, elle cesse avec l'entrée dans la période de latence.

Dans les interdictions de la masturbation, ce sont les raisons invoquées et les menaces qui peuvent être traumatisantes. Les parents invoquent souvent le fait que « c'est sale ». Leur sévérité ne concerne qu'eux, dit Françoise Dolto : ils expriment des interdits de style anal (la saleté), qui révèlent leur attachement à ce stade. S'ils avaient vraiment acquis le stade génital,

MIEUX VAUT PRÉVENIR QUE GUÉRIR

Tout enfant passe par des moments difficiles et présente des symptômes à un moment ou un autre. Il n'est pas toujours facile pour les parents de distinguer ce qui est normal du pathologique. Dans le doute, il est préférable de consulter un spécialiste plutôt que de laisser s'installer une souffrance psychique qui sera d'autant plus difficile à dépasser qu'elle sera installée depuis longtemps. Ce qui aurait disparu en quelques séances de psychothérapie à cinq ou six ans demandera des années de cure à vingt ou trente ans, après avoir handicapé le développement de l'enfant, puis de l'adulte – ou bien sera devenu irréversible.
A qui s'adresser ? Soit à un psychothérapeute ou un psychanalyste travaillant en cabinet, soit à un lieu de consultation public ou privé. On trouve, même dans des villes de taille moyenne, des centres médico-psycho-pédagogiques (C.M.P.P.) qui reçoivent les enfants à la demande des parents, également sur l'incitation de l'enseignant, du médecin ou de l'assistant social.
En cas de doute, il ne coûte rien d'aller consulter pour constater que votre enfant va très bien. C'est en prévenant les troubles possibles, à l'école comme dans la famille, que l'on s'occupe le mieux de l'enfant. Et non quand il est déjà trop tard.

dit-elle, ils diraient plutôt que la satisfaction retirée est « imparfaite et insatisfaisante ».

- **MUTISME :** Si l'enfant se tait, c'est souvent pour cacher un secret familial qu'il a plus ou moins deviné, et que les parents ne souhaitent pas dévoiler.

- **OTITE :** Comme les angines, les otites ont souvent une dimension symbolique chez le petit enfant : elles surviennent pour ne pas entendre certaines paroles de l'entourage qui blessent l'enfant.

> **LA MAISON VERTE**
>
> La Maison verte, créée avec Françoise Dolto, accueille toujours les enfants de 0 à 4 ans et leurs parents au 13, rue Meilhac, 75015 Paris (tél.: 01 43 06 02 82). Il existe d'autres Maisons vertes en France et en Europe.

- **PEURS, PHOBIES :** Tout enfant vit des peurs passagères, qui sont le signe d'un travail d'élaboration psychique tout à fait naturel. Elles ont leur nécessité dans l'équilibre de l'enfant. Il serait néfaste de vouloir les éliminer coûte que coûte. Il suffit de les respecter en rassurant l'enfant et en attendant qu'elles disparaissent.

En revanche, si la peur d'un objet, d'un animal, d'une personne réelle ou mythique s'installe en permanence et guide les faits et gestes de l'enfant[4], on est en droit de soupçonner une phobie organisée.

4. Les adultes connaissent aussi des névroses phobiques, généralement enracinées depuis l'enfance.

Dans la phobie, inconsciemment, il y a toujours à la fois le désir et la crainte de devenir ou d'être en contact avec l'objet dont on a peur. A partir du complexe d'Œdipe, cet objet prend une dimension sexuelle génitale. Les vraies phobies sont des maladies graves, dit Françoise Dolto, car elles entraînent un sentiment de perte de la réalité et peuvent provoquer des conduites dangereuses pour le sujet, dans son besoin impérieux d'éviter l'objet phobique. Il est nécessaire de consulter un psychanalyste. Le traitement est souvent efficace.

● **POUCE :** On sait que le pouce remplace un tétin dont l'enfant n'a pas pu se séparer, sans doute parce qu'il n'a pas été initié par la mère à investir d'autres objets qu'elle-même.

Françoise Dolto raconte qu'elle posait aux suceurs de pouce impénitents l'imparable question : « C'est ta bouche qui a besoin de ton pouce, ou c'est ton pouce qui veut être à l'abri dans ta bouche ? » Le seul fait d'accepter de réfléchir à la question permet à l'enfant de distinguer la bouche du pouce, et de pouvoir remplacer l'ineffable sensation de fusion bouche/sein par du langage.

● **VOMISSEMENTS :** Chez le bébé, les vomissements à répétition, lorsqu'ils n'ont pas de cause organique, surviennent lorsque la mère ne communique pas avec son bébé. Avant d'avoir digéré, le bébé rejette le lait pour que ça recommence. Au moins est-il ainsi assuré de la présence de sa mère le temps d'une autre tétée ! Il ne faut surtout pas que la mère inquiète confie alors son enfant à quelqu'un d'autre :

le symptôme ne ferait que s'accentuer. Il disparaît facilement après des entretiens de la mère avec un psychanalyste.

Dans les cas graves de méricisme, l'enfant de trois ans ou plus mange et vomit tout ce qui se trouve à sa portée.

12

BRÈVE BIOGRAPHIE DE FRANÇOISE DOLTO

Françoise Dolto a souvent évoqué son parcours, notamment dans un ouvrage conçu à partir de deux entretiens réalisés en 1988 avec Alain et Colette Manier, quelques mois avant sa mort : *Autoportrait d'une psychanalyste*[1]. Elle raconte comment sa vocation, sa capacité d'écoute s'enracinent dans son expérience d'enfant, notamment dans sa relation à sa mère. Toute sa vie, elle a eu à cœur de rappeler que les premiers psychothérapeutes des parents sont leurs propres enfants. Pour sa part, elle dut très tôt aider sa mère à ne pas sombrer dans la dépression. Elle a toujours dit aux enfants, avec son « parler vrai » : une souffrance, un manque, un deuil, cela permet de gagner en force et en maturité. Cette épreuve l'a sans doute beaucoup aidée à développer son don exceptionnel de clinicienne.

Françoise Marette est née le 6 novembre 1908, à Paris, dans une famille aisée et conventionnelle. Elle

1. Le Seuil, 1989.

reçoit une éducation stricte contre laquelle elle devra beaucoup lutter et se fortifier.

Elle commence ses observations psychologiques dès la plus tendre enfance. Le terrain s'y prête : elle est la quatrième d'une famille qui comptera sept enfants. A l'âge de sept ans, elle déclare, provoquant l'hilarité générale : « J'aurai un métier, je serai médecin d'éducation. » Ce programme (qu'elle a suivi toute sa vie durant) est doublement anormal. Dans sa famille, le destin d'une petite fille est de devenir une bonne épouse. Il n'est donc pas question qu'elle fasse des études, et encore moins qu'elle exerce une profession. Par ailleurs, le métier de « médecin d'éducation » n'existe pas. Mais elle comprend que les enfants peuvent souffrir d'autre chose que de microbes. Pour améliorer leur sort, pense-t-elle, il faut une sorte de médecin pour éduquer les parents.

La veille de sa communion, sa mère apprend à Françoise que sa sœur Jacqueline souffre d'une maladie mortelle, et que seul un cœur pur comme le sien peut obtenir de Dieu, par la prière, qu'il la sauve. La dévotion de Françoise ne suffit ni à sauver sa sœur, ni à préserver la mère d'une profonde dépression dont elle ne se remettra jamais entièrement. Françoise, elle, ne pourra se libérer de sa culpabilité que grâce à sa cure psychanalytique, quinze ans plus tard.

Après avoir fait des études sans fréquenter régulièrement d'école[2], elle arrive à l'âge de passer le bac. Ne souhaitant pas que sa fille devienne « une femme de mauvaise vie », ce à quoi doivent la conduire

2. Sans doute cette expérience est-elle une des sources de la position très critique que Françoise Dolto a toujours manifesté vis-à-vis de l'école publique.

immanquablement les études, sa mère dissimule le dossier d'inscription, que Françoise peut reconstituer à la dernière minute, avec l'aide de son père. Le matin des examens, sa mère omet de la réveiller. Finalement, Françoise réussit à passer ses épreuves, et obtient une mention « bien ». Elle a quinze ans. Il est décidé qu'après la seconde partie du bac philosophie, elle arrêtera ses études pour quelques années. Elle obtient pourtant de sa mère de commencer ses études de médecine à l'âge de vingt-trois ans, sous prétexte que son frère Philippe, qui poursuit les mêmes études, pourra la « chaperonner ».

Des difficultés personnelles la conduisent à commencer une cure analytique, en 1934, avec René Laforgue.

René Laforgue est représentatif de la première génération des psychanalystes français, qui n'ont retenu de la découverte freudienne que ce qui ne les dérange pas. Freud lui reproche ce qu'il appelle son « opportunisme diplomatique » : par souci d'être accepté dans les milieux français, il édulcore la psychanalyse, travestie en discipline médicale et bien-pensante, associée à une dimension religieuse [3].

Au-delà de ces errements, on peut supposer que René Laforgue a un sens clinique assez assuré pour permettre à Françoise Marette de faire sa psychanalyse avec lui, et malgré lui. Françoise Dolto aura toujours à cœur de rappeler que la psychanalyse n'est pas faite par l'analyste, mais par le patient. Pas plus qu'elle ne comprend intellectuellement sa propre cure psychanalytique [4], elle ne comprendra pas toujours

3. Au cours de son analyse, Françoise Dolto retrouve la foi catholique qu'elle conservera toute sa vie.
4. A quoi René Laforgue répondait qu'elle ne comprenait pas avec la tête, mais avec le cœur.

rationnellement, ou alors après coup, les cures qu'elle mènera avec les enfants et les adultes. Ainsi, Françoise Marette convainc Laforgue de prolonger son analyse au-delà des délais pratiqués à l'époque : trois ans (alors que Freud se contente de séquences de quelques mois). Plus tard, Laforgue déclarera à Dolto qu'il n'a jamais aussi bien travaillé qu'avec elle.

En 1936, le climat familial devenant intenable, son père lui demande de quitter la maison : elle a vingt-huit ans.

Françoise Dolto termine sa psychanalyse en 1937 et devient membre de la Société psychanalytique de Paris en 1938. Dans sa thèse de médecine soutenue en 1939, *Psychanalyse et Pédiatrie*, on trouve les fondations de sa pratique. Ce travail, trop original, n'est salué par personne, excepté Jean Rostand. Elle publiera ce texte plusieurs fois à compte d'auteur avant qu'un éditeur, Le Seuil, réédite en 1971.

Parmi ses lecteurs, un kinésithérapeute du nom de Boris Dolto tente de mettre en application ses vues pour soigner une de ses patientes. N'y parvenant pas, il adresse l'enfant à Françoise Marette, qui réussit le traitement. Ils se marient en 1942. Ils auront trois enfants entre 1943 et 1946.

A partir de 1940, Françoise Marette Dolto assure une consultation à l'hôpital Trousseau, qu'elle conservera jusqu'en 1978. Elle y pratique de nombreuses cures devant un public de psychanalystes en formation. Les années qui suivent sont partagées entre le travail et sa vie de femme et de mère. Elle perfectionne sa technique, sans que son apport ni son originalité soient pleinement reconnus. Elle est pourtant aux avant-postes des découvertes de la psychanalyse.

Freud n'a pas vraiment exploré la psychanalyse des enfants, encore moins celle des nourrissons. Et si la psychanalyse soigne les névroses, elle ne s'est pas encore forgé de technique ni de théorie pour s'attaquer efficacement aux psychoses [5].

Dans les années 50 et 60, Françoise Dolto participe aux péripéties de la psychanalyse en France. Ses stages en hôpital l'ont définitivement vaccinée contre le monde de la psychiatrie, qu'elle juge plus préoccupé de faire carrière que de soigner. Alors qu'elle s'est formée auprès d'analystes qui ont édulcoré la pensée freudienne en la passant au filtre du « génie français », elle participe au mouvement de « retour à Freud » dans lequel Jacques Lacan joue un rôle décisif. En 1953, avec Lagache et Favez-Boutonnier, puis Lacan, elle démissionne de la Société psychanalytique de Paris pour fonder la Société française de psychanalyse. En 1964, elle suivra Lacan, avec lequel elle va fonder l'École française de psychanalyse, qui deviendra l'École freudienne de Paris. De Jacques Lacan, elle dira parfois qu'elle ne comprenait pas ce qu'il énonçait. A quoi il est arrivé à celui-ci de répondre : « Ce que je dis, tu le fais. »

A côté de Jacques Lacan, dont elle est une consœur et non une élève, elle poursuit ses travaux.

En 1960, elle présente au congrès de psychanalyse d'Amsterdam un rapport sur la sexualité féminine [6]. L'accueil est mitigé, la publication par la revue de la

---

5. On distingue habituellement le névrosé, lequel conserve le sens du réel, du psychotique, qui ne le conserve pas.
6. Nouvelle édition publiée sous le titre *Sexualité féminine, la libido génitale et son destin féminin,* aux éditions Gallimard, 1996.

SFP[7] est tronquée. Jacques Lacan n'a qu'un adjectif équivoque pour saluer sa prestation : elle est « culottée », dit-il.

Il faut attendre la publication du compte rendu d'une cure d'un enfant psychotique, *Le Cas Dominique*[8], pour que la contribution de Françoise Dolto à la psychothérapie des psychoses soit reconnue : c'est le résultat de trente années de travail.

En 1984, elle publie son travail théorique essentiel : *L'Image inconsciente du corps.* Il lui aura fallu quinze ans de travail et de remaniement, de vérifications cliniques pour parvenir à ce résultat. Peu après, entre 1982 et 1988, seront publiés trois *Séminaire de psychanalyse d'enfants* qui reprennent les moments clés du séminaire assuré à l'École freudienne de Paris pendant quinze ans.

A côté de ces travaux théoriques, et depuis le début de sa carrière, Françoise Dolto a toujours cherché à diffuser auprès du public les leçons qu'elle retirait de son activité psychanalytique. Elle a toujours été convaincue du rôle essentiel de la prévention : en effet, plus on peut identifier les troubles chez un enfant, et plus on peut le faire tôt, plus on a de chances de réduire ses souffrances. C'est pourquoi le fait d'apporter un éclairage aux parents, aux soignants et aux éducateurs lui paraissait important.

En 1969, elle accepte de répondre en direct aux questions des enfants et des adolescents, sur Europe 1. L'ordre des médecins lui ayant interdit de le faire en

7. Dont elle est un des membres fondateurs !
8. Le Seuil, 1971.

son nom propre, c'est donc sous le pseudonyme de « Docteur X » qu'elle donne aux enfants l'occasion d'exprimer leurs difficultés sur les ondes, et d'entendre ses réponses, claires et directes, comme à son habitude. C'est le premier « psy show » à la française, que certains n'hésitent pas à juger scandaleux[9]. Cela ne l'empêchera pas de récidiver sur France Inter, en 1976, cette fois pour répondre à des lettres de parents, d'enfants, d'éducateurs. L'essentiel de ces émissions a été rassemblé dans un premier livre, en 1977, *Lorsque l'enfant paraît*, qui la fait connaître du grand public. Elle a alors soixante-neuf ans.

A l'âge de soixante-dix ans, elle décide de ne plus prendre de patient en cure. Elle se consacre à la prévention, notamment en créant en 1979 la Maison verte, un lieu destiné à accueillir les enfants de moins de quatre ans accompagnés de leurs parents. Le but de la Maison verte est de prévenir les traumatismes de l'entrée en maternelle en permettant à l'enfant de sortir du giron maternel pour commencer à se socialiser.

En 1980, elle participe à une dernière péripétie des mouvements analytiques français. Jacques Lacan dissout l'École freudienne de Paris. Françoise Dolto se désolidarise de lui, pour la première fois depuis 1953.

L'année suivante, en juillet, son mari meurt. Jacques Lacan décède en septembre de la même année.

Le 25 août 1988, Françoise Dolto succombe à une affection pulmonaire.

9. Ces émissions ont donné lieu à un livre signé Docteur X, *SOS psychanalyste ! Des consultations sur les ondes*, éd. Fleurus, 1977.

13

FRANÇOISE DOLTO AUJOURD'HUI ET DEMAIN

FRANÇOISE DOLTO AUJOURD'HUI

Il est difficile de faire le bilan de l'apport de Françoise Dolto, parce que nous sommes déjà imprégnés des vues qu'elle a soutenues pendant un demi-siècle, et parce que ce siècle l'a aujourd'hui rejointe (en partie). Ce qu'elle avançait il y a cinquante ans, et qui paraissait alors scandaleux ou absurde, est passé dans les mœurs. Lorsque, par exemple, elle affirmait qu'il faut parler aux bébés dès leur naissance, on s'en étonnait. Lorsqu'elle supposait qu'un arrêt de montée de lait pouvait avoir une cause psychologique, les médecins souriaient. Aujourd'hui, les pères se penchent sur le ventre rond de leur femme pour parler au fœtus. Dans les pouponnières, il paraît normal d'entrer en communication avec les bébés.

Les femmes A mes yeux, la première des contributions de Françoise Dolto concerne les femmes. Sa vie, tout d'abord, est un bel exemple de l'évolution de la condition féminine. Quel parcours, depuis le temps de l'adolescence, lorsque sa mère s'opposait à ce qu'elle passe le baccalauréat, de peur qu'elle devienne une femme de mauvaise vie ! Mais Françoise Dolto n'a pas fait que conquérir (et créer) un métier et se réaliser dans une œuvre. Elle a aussi contribué à faire reconnaître et exister le féminin, par ses travaux sur la sexualité féminine et ses interventions constantes visant à aider les femmes à être femmes. Ce qui n'allait pas sans intervention critique, comme à son habitude. En effet, elle a dit et répété que, dans notre civilisation occidentale, les femmes ont à dépasser une homosexualité latente, souvent sublimée, comme à nouer une véritable relation d'amour avec les hommes, au-delà de la maternité. En termes plus techniques, on pourrait dire qu'elle insistait sur la difficulté qu'éprouvent les femmes à traverser l'Œdipe. Et sans doute le caractère patriarcal de notre culture rend-il cette maturation psychique plus malaisée pour les femmes que pour les hommes. Au-delà des conquêtes extérieures, comme les droits civiques ou l'exercice d'une profession, il reste à achever une conquête intérieure. C'est le mérite de Françoise Dolto de l'avoir souligné.

Le second apport de Françoise Dolto réside dans sa contribution aux avancées de la psychanalyse, et plus particulièrement dans le domaine du traitement des enfants et du traitement des psychoses.

La psychanalyse des enfants

Dans les années 30, la psychanalyse des enfants restait à inventer. On ne disposait alors que d'un premier travail de Freud. En France, quelques pionniers, telle Sophie Morgenstern, commençaient à traiter les enfants. Le mérite de Françoise Dolto a consisté à développer, loin des influences des psychanalystes anglaises Anna Freud et Melanie Klein, une méthode et une théorie originales (et surtout efficaces) de psychanalyse des enfants, et de les transmettre à de nombreux psychanalystes, ainsi qu'à repousser les limites de l'intervention du psychanalyste jusqu'au premier jour de la vie de l'enfant, par ses recherches cliniques sur le couple mère/bébé et sa théorisation.

Le traitement des psychoses Françoise Dolto a participé à une deuxième avancée de la psychanalyse : pendant longtemps, on a pensé qu'il n'était possible de venir en aide qu'aux sujets névrosés, et que l'intervention du psychanalyste s'arrêtait là où commence la folie. Grâce à son travail sur l'évolution de l'enfant avant le stade œdipien, Françoise Dolto a su faire reculer cette frontière, en démontrant par la pratique que l'on pouvait aider des enfants psychotiques à accéder à une vie normale, ou dont ils pouvaient se satisfaire.

La psychanalyse ouverte au public Son troisième apport a consisté à démythifier la psychanalyse aux yeux du public. Cette démarche, elle l'a commencée avec les soignants. Pendant des dizaines d'années, à l'hôpital Trousseau, elle a mené des psychothérapies devant un public d'assistants psychanalystes, sortant ainsi l'analyse du secret du cabinet et du colloque singulier analyste/analysant.

On le sait [1], Françoise Dolto a été la première à briser un tabou en exposant la psychanalyse en public,

1. Voir chapitre 12, page 201.

à la radio, tout d'abord à Europe 1 puis à France Inter. Cela lui a valu un procès mené par l'École des Parents, et la réprobation de bien des analystes. Néanmoins, en portant la pratique analytique sur la place publique, elle a contribué à ce travail de prévention, tant auprès des parents et des éducateurs que des médecins, qui lui a toujours paru essentiel et auquel elle a consacré les dernières années de sa vie. Par ses multiples interventions parlées et écrites, elle a rendu la psychanalyse vivante et accessible, et l'a débarrassée de son aura de mystère.

Par ses ouvrages consacrés aux Évangiles, elle a également montré que la psychanalyse pouvait s'accommoder de la religion chrétienne. Elle en avait fait l'expérience intime en retrouvant au cours de son analyse une foi qui ne l'a plus quittée.

Il lui est souvent arrivé de comparer l'enfant à un colonisé. Elle était persuadée qu'il n'a pas dans notre société la place qu'il mérite. Pour elle, l'enfant était à « égalité d'être » avec l'adulte. Elle a souvent répété, par exemple, qu'un enfant même petit dispose d'une intelligence symbolique équivalente à celle d'un adulte. Pour elle, le fait que l'adulte décide à la place de l'enfant était à remettre en cause.

En soutenant que, dès le premier jour, l'enfant est une personne sujet de son désir, en conduisant les adultes à prendre en considération l'enfant (c'est-à-dire à se décentrer d'eux-mêmes pour considérer l'enfant tel qu'il est, et non tel qu'ils veulent le voir), elle a œuvré pour la cause des enfants. Elle a cherché à faire reconnaître ses droits.

Sans doute fut-elle entendue. On peut, par exemple, reconnaître son influence dans la loi de 1993 sur l'autorité parentale conjointe et les droits de l'enfant en matière de divorce.

FRANÇOISE DOLTO DEMAIN ?

Demain, quelle sera l'influence de Françoise Dolto ? Remarquons d'emblée que l'avenir de l'apport de Françoise Dolto est lié à l'avenir de la psychanalyse.

L'avenir incertain de la psychanalyse Depuis toujours, la psychanalyse a rencontré en France des résistances importantes, surtout dans le milieu médical. Au début du siècle, ce sont les artistes et les écrivains qui ont fait exister la psychanalyse en France – et d'abord les surréalistes. Il a fallu attendre les années 60 (et mai 68) pour que la psychiatrie s'inspire vraiment des découvertes de Freud... pendant quelques années. Depuis les années 80, et à l'instigation de gouvernements qui, tous, pensent avant tout à faire des économies en matière de santé, la psychiatrie régresse. La formation des médecins et infirmiers psychiatres perd sa spécificité, et les services de psychiatrie sont intégrés à l'Hôpital général. Pourquoi pas, puisqu'on traite les symptômes psychiques à coup de médicaments ? C'est le modèle médical de la machine qui prend le dessus : une dépression est vue comme un simple dysfonctionnement que l'on peut traiter par une administration de Prozac. Votre enfant a des troubles du sommeil ? Il existe de très bons calmants. Depuis qu'il en consomme, il devient apathique ? Donnez-lui un excitant pour le jour... Quant aux troubles du comportement, si la médication ne suffit pas, les nouvelles thérapies feront leur effet : elles traitent rapidement les effets du malaise sans se soucier des causes. Pourquoi faire autrement, puisque les techniques modernes, reposant sur les théories du conditionnement et du renforcement positif de comportements automatiques, permettent d'éradiquer un symptôme gênant ? Et tant pis si, à la disparition de ce symptôme, on voit apparaître un autre symptôme. Tant pis si l'enfant qui ne dormait pas la nuit devient turbulent le jour. On recommencera un nouveau traitement...

Ces pratiques médicales sont cohérentes avec la culture ambiante, qui met en avant, en cette époque de crise permanente, les valeurs de l'efficacité à court terme et du pragmatisme. Ces valeurs, promues par l'entreprise [2], une des références clés dans notre société, l'enfant les fait siennes à un moment de son développement, mais pour les dépasser. Avec le stade œdipien, l'enfant découvre la loi, la sublimation des désirs premiers, un rapport à autrui fondé sur sa reconnaissance et son respect ; il s'ouvre au monde intérieur et à la pensée. Rien de tel pour l'enfant qui reste fixé au stade anal : il reste dans le monde de l'action, et dans les rapports de domination ; c'est-à-dire dans les comportements mis en avant par la culture de l'entreprise libérale. On ne peut attendre de cette culture qu'elle réserve un bon accueil à la psychanalyse, puisque cette dernière vient critiquer ses valeurs.

2. On sait que l'entreprise cherche à devenir la source de l'idéologie, et que certains de ses thuriféraires rêvent de lui faire jouer le rôle de l'Église en en faisant la source des valeurs ; de l'État en en faisant le support des règles sociales ; et de la famille en en faisant le lieu de la convivialité.

Françoise Dolto n'a pas fondé une école psychanalytique

Une autre raison de s'interroger sur l'avenir de l'apport de Françoise Dolto tient au fait qu'elle n'a pas fait école. Elle n'a pas eu pour ambition de développer une position de maîtrise, comme a pu le faire Jacques Lacan. Ses ouvrages théoriques sont peu nombreux. Si l'on excepte *Le Cas Dominique*, *L'Image inconsciente du corps*, ses *Séminaires de psychanalyse*, ses autres ouvrages et la plupart de ses articles sont des retranscriptions de dialogues et de conférences, c'est-à-dire des œuvres qui s'adressent au public plutôt qu'aux techniciens de la psychanalyse.

Le bouche-à-oreille

Françoise Dolto fut un artisan. Ses tours de main, elle les a transmis de bouche à oreille lors de ses séminaires, où elle écoutait les psychanalystes venus témoigner des traitements qu'ils menaient et des questions qu'ils se posaient. Elle racontait en écho ses propres cures, émaillait ses propos de points théoriques, de conseils pratiques. C'était une rencontre entre praticiens qui échangeaient leurs découvertes, où la transmission se faisait de façon complexe. Françoise Dolto souhaitait moins proposer une théorie ou des conseils qu'offrir à son auditeur la possibilité d'élaborer sa propre pratique. Dans ses séminaires, comme dans les cures, elle faisait confiance à son interlocuteur pour faire son propre travail à partir de ce qu'elle exposait de son expérience, de ses repères théoriques – car c'est avec son inconscient que le psychanalyste travaille pour comprendre et interpréter. Et l'inconscient ne s'apprend pas seulement en théorie. Ça passe par le bouche-à-oreille, par la présence physique.

Françoise Dolto disait : la théorie seule ne sert à rien. Les exemples cliniques peuvent permettre d'élaborer une pratique. Ce qui est préférable, c'est l'exemple clinique accompagné de la théorie que l'on peut en déduire.

Il est arrivé à Françoise Dolto de dire qu'elle serait oubliée après sa mort. Elle pensait sans doute au destin de ses publications. Elle oubliait peut-être, ou sous-estimait, cet enseignement de bouche à oreille dont je viens de donner un exemple. C'est ainsi que son œuvre s'est diffusée le plus sûrement ; c'est ainsi qu'elle continuera sans doute à produire ses effets.

Qu'on me permette une dernière comparaison. On dit souvent d'une chanson ou d'un poème qu'ils sont vraiment accueillis lorsqu'ils courent de bouche en bouche, alors que l'on a oublié le nom de l'auteur ; lorsqu'ils sont devenus bien public, et anonyme. N'est-ce pas ce que l'on peut souhaiter à l'œuvre de Françoise Dolto ?

INDEX

BIBLIOGRAPHIE

ŒUVRES
DE FRANÇOISE DOLTO
(par ordre alphabétique)

Au jeu du désir, Le Seuil, 1981.
Autoportrait d'une psychanalyste (en collaboration avec Alain et Colette Manier), Le Seuil, 1989.
(Le) Cas Dominique, Le Seuil, 1971.
(La) Cause des adolescents, L.G.F., 1991.
(La) Cause des enfants, L.G.F., 1986.
(Les) Chemins de l'éducation, Gallimard, 1994.
Correspondance (1913-1938), en collaboration avec Colette Percheminier, Hatier, 1991.
Destins d'enfants. Adoption, familles d'accueil, travail social, Gallimard.
Dialogues québécois (en collaboration avec Jean-François de Sauverzac), Le Seuil, 1987.
(La) Difficulté de vivre, Gallimard, 1995.
(L')Échec scolaire : essai sur l'éducation, Presse-Pocket, 1990.
Enfances, Le Seuil, 1986.
(L')Enfant dans la ville, Mercure de France, 1998.
(L')Enfant du miroir (avec Juan David Nasio), Payot, 1992.
(L')Enfant et la Fête, Mercure de France, 1998.
Enfants en souffrance, Stock, 1981.

(Les) Étapes majeures de l'enfance, Gallimard, 1994.
(L')Évangile au risque de la psychanalyse (en collaboration avec Gérard Séverin), tomes 1 et 2, Le Seuil, 1980 et 1982.
(L')Éveil de l'esprit, L.G.F., 1995.
(Le) Féminin, Gallimard, 1998.
(La) Foi au risque de la psychanalyse (en collaboration avec Gérard Séverin), Le Seuil, 1983.
(L')Image inconsciente du corps, Le Seuil, 1984.
Lorsque l'enfant paraît, Le Seuil, 1990.
Parler de la mort, Mercure de France, 1998.
Paroles pour adolescent ou le Complexe du homard (avec Catherine Dolto-Tolitch, en collaboration avec Colette Percheminier), L.G.F., 1992.
Psychanalyse et Pédiatrie, Le Seuil, 1971.
Quand les parents se séparent (en collaboration avec Inès Angelino), Le Seuil, 1988.
Séminaires de psychanalyse d'enfants, tome 1 (en collaboration avec Louis Caldaguès), tomes 2 et 3 (en collaboration avec Jean-François de Sauverzac), Le Seuil, 1982, 1985 et 1988.
(Le) Sentiment de soi, Gallimard, 1997.
Sexualité féminine, la libido génitale et son destin, Gallimard, 1996.
Solitude, L.G.F., 1989.
Tout est langage, Gallimard, 1995.

QUELQUES OUVRAGES CONSACRÉS À FRANÇOISE DOLTO

Françoise Dolto vue et lue par ses collègues et amis, Le Coq-Héron, 1989.
Jenny AUBRY, Stella BARUK [et al.], *Quelques pas sur le chemin de Françoise Dolto*, Le Seuil, 1988.

Madeleine CHAPSAL, *Ce que m'a appris Françoise Dolto*, Librairie Arthème Fayard, 1994.

Yannick FRANÇOIS, *Françoise Dolto, de l'éthique à la pratique de la psychanalyse d'enfants*, Éd. du Centurion, 1990.

Michel H. LEDOUX, *Introduction à l'œuvre de Françoise Dolto*, Éditions Rivages, 1990.

Jean-François de SAUVERZAC, *Françoise Dolto, itinéraire d'une psychanalyste*, Éd. Aubier, 1993 ; Champs/Flammarion, 1994 ; Le Livre de Poche, 1995.

Cet ouvrage composé
par D.V. Arts Graphiques à Chartres
a été achevé d'imprimer sur presse Cameron
dans les ateliers de Brodard et Taupin
à La Flèche (Sarthe)
en juillet 1998
pour le compte des Éditions de l'Archipel
département éditorial
de la S.A.R.L. Écriture-Communication.

Imprimé en France
N° d'édition : 235 – N° d'impression : 6392U-5
Dépôt légal : juillet 1998